Paul Bowles

Die leichte Beute

Stories aus Marokko

Herausgegeben
und übersetzt
von Pociao

Rowohlt

Veröffentlicht im
Rowohlt Taschenbuch Verlag GmbH,
Reinbek bei Hamburg, Januar 1996
Die Erzählungen der vorliegenden
Ausgabe wurden dem Band
«Allal» entnommen
Copyright © 1983 by
Expanded Media Editions Bonn,
und MaroVerlag, Augsburg
Copyright © 1987 by
Rowohlt Taschenbuch Verlag GmbH,
Reinbek bei Hamburg
«Allal» ist eine Auswahl aus
der amerikanischen Originalausgabe
«Collected Stories 1939–1976»
Copyright © 1979 by Paul Bowles
Umschlaggestaltung Walter Hellmann/
Beate Becker
(Illustration: Rotraut Susanne Berner)
Satz Sabon (Linotronic 500)
Gesamtherstellung Clausen & Bosse, Leck
Printed in Germany
200-ISBN 3 499 22007 5

Inhalt

Der Skorpion

Es war einmal eine alte Frau, die hauste in der Nähe einer Quelle in einer Höhle, die ihr ihre Söhne in ein Felsenriff geschlagen hatten, ehe sie fortzogen in die Stadt, wo viele Menschen lebten. Sie war mit ihrem Los weder zufrieden noch unzufrieden, denn sie ahnte, daß ihr Ende nahe war und daß ihre Söhne wahrscheinlich nicht mehr zurückkommen würden, egal, zu welcher Jahreszeit. In der Stadt gab es immer viele wichtige Dinge zu erledigen, und sie würden sie erledigen, ohne sich die Mühe zu machen, an die Zeit zurückzudenken, als sie noch in den Bergen lebten und für die alte Frau sorgten.

In bestimmten Zeiten des Jahres versperrte ein Vorhang von winzigen Wassertröpfchen den Eingang zur Höhle, durch den die alte Frau hindurch mußte, wenn sie hinein wollte. Das Wasser strömte den pflanzen-überwucherten Abhang des Berges oberhalb ihrer Höhle herunter und tropfte vor dem Eingang auf den Lehmboden. So gewöhnte sich die alte Frau daran, lange Zeit zusammengekauert in ihrer Höhle zu hocken, um so trocken wie nur möglich zu bleiben. Hinter dem sanft hin und her pendelnden Wasservorhang erkannte sie die bloße Erde im Licht eines grauen Himmels, und manchmal flogen ein paar große trockene Blätter vorbei, die der Wind aus den höhergelegenen Teilen des Landes herbeiwehte. Im Innern der Höhle herrschte ein angenehmes, warmes rosa Licht, wie der viele Lehm, der sie hier überall umgab.

Ab und zu kamen Leute auf dem Pfad vorbei, der nicht weit von der Höhle entfernt vorbeiführte, und weil eine Quelle in der Nähe war, verirrten sich manchmal auch Reisende, die von ihrer Existenz wußten, nicht aber, wo sie genau war, in diese Umgebung, bis sie merkten, daß die Quelle gar nicht hier war. Die alte Frau sprach sie niemals an. Sie saß einfach nur da und schaute zu, wie sie näher kamen und sie plötzlich entdeckten. Und sie beobachtete sie noch, wenn sie sich schon umdrehten und in die andere Richtung weitergingen, auf der Suche nach Trinkwasser.

Es gab viele Umstände an dieser Lebensweise, die die alte Frau schätzte. Sie war nicht länger gezwungen, mit ihren Söhnen zu streiten und darum zu bitten, daß sie ihr Holz für den Ofen brachten. Es stand ihr frei, des Nachts herumzustreifen und sich etwas zu essen zu suchen. Sie konnte alles aufessen, was sie fand, ohne teilen zu müssen, und sie schuldete niemand Dank für die Dinge, die sie in diesem Leben hatte.

Manchmal kam ein alter Mann aus dem Dorf auf seinem Weg ins Tal hinunter vorbei und setzte sich auf einen Felsvorsprung, gerade so weit vom Eingang der Höhle entfernt, daß sie ihn noch erkennen konnte. Sie war sich klar darüber, daß er ihre Anwesenheit in der Höhle bemerkt hatte. Und obwohl es ihr wahrscheinlich nicht bewußt war, mochte sie ihn nicht, weil er nie ein Zeichen dafür gab, daß er ihr Versteck kannte. Es kam ihr vor, als hätte er ihr gegenüber einen unfairen Vorteil und nutzte ihn schamlos aus. Sie dachte sich ein paar Möglichkeiten aus, um ihn zu ärgern, falls er je nah genug herankam, aber er ging immer in einiger Entfernung vorbei, hielt dann an, setzte sich eine Weile auf den Felsvorsprung und starrte nicht selten direkt auf den Eingang ihrer Höhle. Dann setzte er langsam seinen Weg fort, und es kam der alten Frau immer ein wenig so vor, als ginge er nach seiner Rast schwerfälliger als vorher.

Das ganze Jahr über gab es Skorpione in der Höhle, vor allem aber in der Zeit, ehe das Wasser durch die Pflanzen oberhalb der Höhle sickerte. Die alte Frau hatte ein großes Bündel von alten Lumpen. Damit wischte sie sie von der Decke und den Wänden und trat dann schnell auf ihren Panzer. Gelegentlich verirrte sich ein kleiner wilder Vogel oder ein Tier in die Höhle, aber sie war nicht schnell genug, um sie zu fangen, und hatte mittlerweile aufgegeben, es zu versuchen.

Eines trüben Tages schaute sie auf und sah einen ihrer Söhne am Eingang stehen. Sie konnte sich nicht erinnern, welcher es war, aber sie glaubte, daß es der war, der mit seinem Pferd das ausgetrocknete Flußbett heruntergestürzt und dabei beinahe umgekommen war. Sie betrachtete seine Hand, um zu sehen, ob sie verformt war. Es war nicht dieser Sohn.

Er fing an zu sprechen: «Bist du es?»

«Ja.»

«Geht es dir gut?»

«Ja.»

«Ist alles in Ordnung?»

«Alles.»

«Du bist also hiergeblieben?»

«Wie du siehst.»

«Ja.»

Ein langes Schweigen breitete sich aus. Die alte Frau schaute sich in der Höhle um und war ärgerlich, daß dieser Mann im Eingang praktisch alles hier drinnen verdunkelte. Sie beschäftigte sich mit dem Versuch, verschiedene Dinge zu unterscheiden, ihren Stock, ihr Trinkgefäß, ihre Blechdose, ein Stück Seil. Sie runzelte vor Anstrengung die Stirn.

Der Mann fing wieder an zu sprechen.

«Soll ich hereinkommen?»

Sie gab keine Antwort.

Er zog sich aus dem Eingang zurück und schüttelte die Wassertropfen von seinen Kleidern. Gleich wird er bestimmt irgendwas Lächerliches sagen, dachte die alte Frau. Sie wußte zwar nicht mehr, welcher von ihren Söhnen es war, aber sie erinnerte sich, wie er war.

Sie entschied sich, zu reden.

«Was?» sagte sie.

Er beugte sich durch den Wasservorhang und wiederholte seine Frage.

«Soll ich hereinkommen?»

«Nein.»

«Was ist los mit dir?»

«Nichts.»

Dann setzte sie hinzu: «Es ist nicht genug Platz da.»

Er zog sich wieder zurück und strich sich über den Kopf. Die alte Frau dachte, daß er wahrscheinlich wieder gehen würde, und fragte sich, ob sie das wirklich wollte. Es gab aber nichts, was er hätte tun können, glaubte sie. Dann hörte sie, wie er sich draußen vor der Höhle hinsetzte, und roch Tabakqualm. Sonst war alles still, bis auf das Tröpfeln des Wassers auf dem Lehmboden.

Nach einer Weile hörte sie, wie er aufstand. Er kam wieder zum Eingang.

«Ich komme herein», sagte er.

Er bückte sich und kroch herein. Die Höhle war zu klein, als daß er aufrecht hätte stehen können. Er schaute sich um und spuckte auf den Boden.

«Komm mit», sagte er.

«Wohin?»

«Mit mir.»

«Warum?»

«Weil du mußt.»

Sie wartete ein Weilchen und fragte dann mißtrauisch:

«Wo gehst du hin?»

Er deutete unbestimmt in Richtung Tal und sagte:

«Da hinunter.»

«In die Stadt?»

«Weiter.»

«Ich komme nicht mit.»

«Du mußt.»

«Nein.»

Er nahm ihren Stock und hielt ihn ihr entgegen.

«Morgen», sagte sie.

«Jetzt.»

«Ich muß schlafen», sagte sie und legte sich auf dem Bündel mit alten Lumpen zurück.

«Gut. Ich warte draußen», antwortete er und ging hinaus.

Die alte Frau schlief sofort ein. Sie träumte von der großen Stadt. Die Stadt hörte gar nicht mehr auf, und ihre Straßen wimmelten von Leuten in neuen Kleidern. Die Kirche hatte einen hohen Turm mit mehreren Glokken, die ständig läuteten. Sie lief den ganzen

Tag durch die Straßen; viele Menschen begegneten ihr. Sie war sich nicht sicher, ob das alles ihre Söhne waren oder nicht. Ein paar von ihnen fragte sie:

«Seid ihr meine Söhne?» Sie konnten nicht antworten, aber wenn sie gekonnt hätten, hätten sie ja gesagt, glaubte sie. Als es Abend wurde, fand sie ein Haus, dessen Tür offenstand. Im Innern brannte Licht, und in einer Ecke des Zimmers saßen ein paar Frauen zusammen. Als sie eintrat, erhoben sie sich und sagten:

«Hier ist dein Zimmer.» Sie wollte es nicht sehen, aber die Frauen schoben sie vorwärts, bis sie drin war, und schlossen die Tür. Sie war ein kleines Mädchen und fing an zu weinen. Die Kirchenglocken draußen waren sehr laut, daß sie sich vorstellte, sie bedeckten den ganzen Himmel. In der Mauer hoch über sich entdeckte sie einen Schlitz, durch den sie die Sterne sehen konnte. Sie leuchteten bis ins Zimmer hinein. Durch das Schilfrohr, das das Dach bildete, kam ein Skorpion gekrochen. Er kam langsam die Wand herunter und auf sie zu. Sie hörte auf zu weinen und beobachtete ihn. Sein Schwanz schnellte bogenförmig über den Rücken und schwankte leicht hin und her, wenn er sich bewegte. Die alte Frau schaute sich flüchtig nach irgendeinem Gegenstand um, mit dem sie ihn von der Wand fegen konnte. Als sich im Zimmer nichts fand, nahm sie die Hand. Doch ihre Bewegungen waren zu langsam; der Skorpion verbiß sich mit seinen Zangen in ihrem Finger und klammerte sich so fest, daß sie ihn nicht abschütteln konnte. Plötzlich merkte sie, daß er sie gar nicht stechen wollte. Ein großes Glücksgefühl durchströmte die alte Frau. Sie hob die Hand zum Mund, um ihn zu küssen. Draußen verstummten die Glocken. Ein unermeßlicher Friede breitete sich aus, als der Skorpion langsam in ihren Mund hereinkroch. Sie spürte, wie der harte Panzer und die kleinen festen Beine über ihre Lippen und die Zunge glitten. Langsam schob er sich die Kehle herunter und gehörte nun ganz ihr. Sie wachte auf und stieß einen Schrei aus.

Ihr Sohn rief: «Was ist los?»

«Ich bin bereit.»

«So schnell?»

Er stand draußen, als sie, auf ihren Stock gestützt, durch den Wasservorhang kam. Dann ging er ein paar Schritte voran auf den Pfad zu.

«Es wird regnen», sagte ihr Sohn.

«Ist es weit?»

«Drei Tage», sagte er und betrachtete ihre alten Beine.

Sie nickte. Dann bemerkte sie den alten Mann, der auf dem Felsvorsprung saß. Ein Ausdruck großer Überraschung lag auf seinem Gesicht, als wenn sich soeben ein Wunder vollzogen hätte. Mit offenem Mund starrte er die alte Frau an. Als sie genau vor seinem Felsen waren, schaute er ihr so eindringlich wie noch nie zuvor ins Gesicht. Sie tat, als ob sie ihn gar nicht bemerkte. Als sie sich vorsichtig den abschüssigen felsigen Pfad entlangtasteten, hörten sie die dünne Stimme des alten Mannes, die ihnen der Wind hinterherwehte.

«Auf Wiedersehen.»

«Wer ist das?» fragte der Sohn.

«Ich weiß nicht.»

Ihr Sohn sah sie plötzlich finster an.

«Du lügst», sagte er.

New York
1944

Die leichte Beute

Es waren einmal drei Filala, die verkauften in Tabelbala Lederwaren – zwei Brüder und der junge Sohn ihrer Schwester. Die zwei älteren Kaufleute waren ernsthafte, bärtige Männer, die sich in ihrem *hanoute* beim Marktplatz gern in komplizierte theologische Diskussionen vertieften, während draußen langsam die heißesten Stunden des Tages verstrichen; der Junge dagegen widmete sich fast ausschließlich den schwarzhäutigen Mädchen im kleinen *quartier réservé* der Stadt. Da gab es eine, die erschien ihm begehrenswerter als alle anderen, und so war es ganz natürlich, daß er ein wenig traurig wurde, als ihm die beiden älteren Männer ankündigten, daß sie in Kürze zusammen nach Tessalit aufbrechen würden. Doch fast jede Stadt hat ihr *quartier*, und Driss war einigermaßen sicher, auch die liebreizendste Bewohnerin eines *quartiers* erobern zu können – egal, wie es um ihre gegenwärtigen emotionalen Beziehungen stand. So war sein Kummer, als er von der bevorstehenden Abreise hörte, nur von kurzer Dauer.

Die drei Filala warteten kühleres Wetter ab, ehe sie nach Tessalit aufbrachen. Weil sie möglichst rasch dorthin gelangen wollten, wählten sie die westlichste Reiseroute, also jene, die durch die abgelegensten Gegenden führt und das Gebiet der plündernden Reguibatstämme begrenzt. Es war schon lange her, seit die unheimlichen Gebirgsbewohner das letzte Mal aus der *hammada* auf eine Karawane hinuntergestoßen waren. Die meisten Leute glaubten, daß sie seit dem Krieg der Sarrho den größten Teil ihrer Waffen und Munition, und, was noch wichtiger war, ihres Geistes aufgegeben hatten. Zudem würde eine kleine Gruppe von drei Männern mit ihren Kamelen schwerlich den Neid der Reguibat erwecken, die wegen ihrer großen Beute aus Rio de Oro und Mauretanien von alters her wohlhabende Leute waren.

In Tabelbala begleiteten ihre Freunde, fast

alle auch Lederhändler vom Stamm der Filala, sie traurig zum Stadtrand, wo sie ihnen einen Abschiedsgruß entboten und zuschauten, wie die drei ihre Kamele bestiegen und langsam auf den hellen Horizont zuritten.

«Wenn ihr auf die Reguibat stoßt, treibt sie vor euch her!» riefen sie ihnen noch nach.

Die Gefahr ging hauptsächlich von einem Gebiet aus, das sie erst nach drei oder vier Tagesreisen erreichen würden, und nach einer Woche würde die Gegend, in denen die Reguibat herrschten, schon gänzlich hinter ihnen liegen. Außer um die Mittagszeit war das Wetter angenehm kühl. Des Nachts wechselten sie sich mit den Wachen ab, und wenn Driss an der Reihe war, kramte er eine kleine Flöte hervor, über deren schrille Töne die älteren Onkel ärgerlich die Stirn runzelten. Sie sagten ihm, er solle sich ein Stück entfernt von ihren Matten hinsetzen und dort Wache halten. Dann saß er die ganze Nacht da und spielte alle traurigen Lieder, an die er sich erinnern konnte – die lustigeren gehörten für ihn ins *quartier*, wo man nie einsam war.

Wenn die Onkel Wache hielten, saßen sie ruhig da und starrten vor sich in die Nacht hinaus. Es gab nur sie drei.

Und dann erschien eines Tages eine einsame Gestalt am Horizont, die sich auf der leblosen Ebene aus Richtung Westen auf sie zu bewegte. Ein Mann auf einem Kamel, kein Zeichen von irgendwelchen Gefährten, obgleich sie die Wüste in allen Himmelsrichtungen absuchten. Als sie für eine Weile anhielten, änderte er unmerklich seinen Kurs. Sie ritten weiter, er änderte ihn wieder. Es gab keinen Zweifel, er wollte zu ihnen stoßen.

«Lassen wir ihn herankommen», brummte der ältere Onkel und überflog noch einmal den leeren Horizont. «Jeder von uns hat ein Gewehr.»

Driss lachte. Es erschien ihm absurd, die Möglichkeit einer Gefahr von einem einzelnen Mann auch nur in Betracht zu ziehen.

Als die Gestalt in Rufweite war, grüßte sie im Tonfall eines Muezzins: «*S'l'm aleikoum!*» Sie zügelten ihre Kamele, stiegen aber nicht ab, sondern warteten, daß der Mann näher kam. Bald rief er ihnen zum zweitenmal einen Gruß zu, diesmal antwortete der ältere Onkel, aber noch war der Abstand zu groß, als daß seine Stimme ihn hätte überbrücken können, und der Mann hörte ihn nicht. Und urplötzlich war er so nah, daß sie erkennen konnten, daß er nicht die Kleidung der Reguibat trug. Sie murmelten sich zu: «Er kommt aus dem Norden, nicht aus dem Westen.» Und fühlten sich erleichtert. Trotzdem blieben sie auf ihren Kamelen sitzen, bis er auf gleicher Höhe mit ihnen war. Sie verbeugten sich feierlich vom Rücken der Kamele herab und suchten dabei nach irgendeiner falschen Note in diesem neuen Gesicht oder in den Falten seiner Kleidung, die die mögliche Wahrheit verraten könnte – daß dieser Mann ein Späher der Reguibat war, die nur ein paar Stunden entfernt oben in der *hammada* warteten, sich vielleicht sogar parallel zu ihrer Route bewegten und nicht in Sichtweite kamen, bis die Dämmerung hereingebrochen war.

Mit Sicherheit war der Fremde selbst kein Reguibat, er war lebhaft und vergnügt, mit heller Haut und spärlichem Bartwuchs. Driss merkte plötzlich, daß er diese kleinen flinken Augen nicht mochte – sie schienen alles in sich aufzunehmen, aber nichts zu verraten, doch dann schrieb er dieses vorübergehende Gefühl dem allgemeinen anfänglichen Mißtrauen zu, das gänzlich verflog, als sie hörten, daß der Mann ein Moungari war. In diesem Teil der Welt ist Moungar ein heiliger Ort, und seine wenigen Bewohner werden von den Pilgern, die den verfallenen Schrein vor der Stadt besuchen, mit größtem Respekt behandelt.

Der Neuankömmling gab sich keine Mühe, die Furcht, allein zu reisen oder die Freude, nun mit drei anderen Männern weiterzureiten, zu verbergen. Sie saßen ab und kochten Tee, um ihre Freundschaft zu besiegeln; der Moungari steuerte die Kohle bei.

Nachdem sie ihre Gläser zum drittenmal geleert hatten, fragte der Fremde, ob er sich ihnen bis Taoudeni anschließen könne, da er mehr oder weniger in dieselbe Richtung reise wie sie. Dabei schossen seine flinken schwarzen Äuglein von einem Filali zum anderen, und er erklärte, daß er ein ausgezeichneter Schütze sei und ganz sicher war, daß er ihnen unterwegs ein gutes Stück Gazellenfleisch oder doch wenigstens ein *aouad* besorgen könne. Nachdem die Filala sich beraten hatten, sagte der Älteste: «Einverstanden.» Selbst wenn sich herausstellen sollte, daß es um die Jagdkünste des Moungari nicht so gut bestellt war, wie er von sich behauptet hatte, wären sie von nun an zu viert statt zu dritt unterwegs.

Zwei Tage später deutete der Moungari im mächtigen Schweigen der aufgehenden

Sonne auf die flachen Hügel, die östlich von ihnen lagen.

«*Trimma*. Ich kenne diese Gegend. Wartet hier. Wenn ihr mich schießen hört, dann kommt, denn das bedeutet, daß Gazellen in der Nähe sind.»

Der Moungari ging zu Fuß los, kletterte zwischen den Felsbrocken aufwärts und verschwand hinter einem Vorsprung.

«Er vertraut uns», dachten die Filala. «Er hat sein *mehari* zurückgelassen und auch seine Decken und sonstigen Habseligkeiten.» Sie sagten nichts, aber jeder wußte, daß die anderen das gleiche dachten wie er selber, und alle empfanden Wärme für den Fremden. Wartend saßen sie in der Kühle des frühen Morgens, während hinter ihnen die Kamele grunzten.

Es schien unwahrscheinlich, daß es in dieser Gegend tatsächlich Gazellen gab, aber wenn es doch welche geben sollte und der Moungari wirklich ein so guter Schütze war, wie er gesagt hatte, dann standen die Chancen für ein Gazellen-*mechoui* zum Abendessen nicht schlecht, und das war eine angenehme Aussicht.

Langsam stieg die Sonne am tiefblauen Himmel empor. Eins der Kamele rappelte sich mühsam auf und schleppte sich ein paar Schritte weiter in der Hoffnung auf eine verdorrte Distel oder ein Gebüsch zwischen den Felsen, irgend etwas, was vom vergangenen Jahr übriggeblieben sein mochte, als es vielleicht hier einmal geregnet hatte. Als es in den Felsen verschwand, stand Driss auf und trieb es mit lauten «*Hut!*»-Rufen zu den anderen zurück.

Er setzte sich wieder hin. Plötzlich fiel ein Schuß und nach einem langen, stillen Abstand ein zweiter. Sie schienen von ziemlich weit her zu kommen, waren aber in der vollkommenen Stille deutlich zu hören. Der ältere Bruder sagte:

«Ich gehe. Wer weiß, vielleicht gibt es dort wirklich Gazellen.»

Er kletterte mit seinem Gewehr in der Hand zwischen den Felsblöcken empor und verschwand.

Wieder warteten sie. Als dann Schüsse fielen, kamen sie von zwei Gewehren.

«Vielleicht haben sie eine erlegt!» rief Driss.

«*Yemkin*. Mit Allahs Hilfe», erwiderte sein Onkel, stand auf und griff nach seinem Gewehr.

«Ich will auch mein Glück versuchen.»

Driss war enttäuscht. Eigentlich hatte er gehofft, selber gehen zu können. Wenn er nur einen Moment eher aufgesprungen wäre, dann hätte er vielleicht eine Chance gehabt, aber selbst dann hätte sein Onkel ihn wahrscheinlich hiergelassen, um auf die *mehara* aufzupassen. Auf jeden Fall war es jetzt zu spät, sein Onkel hatte gesprochen.

«Gut.»

Als sein Onkel sich auf den Weg machte, sang er ein Lied aus Tafilalet, das von Dattelpalmen und einem versteckten Lächeln handelte. Ein paar Minuten lang drangen noch Fetzen des Liedes an Driss' Ohr, während die Melodie die höheren Noten erreichte. Dann verloren auch sie sich in der allumfassenden Stille.

Er wartete. Allmählich brannte die Sonne immer heißer. Er bedeckte seinen Kopf mit dem Burnus. Die Kamele starrten sich blöde an, verrenkten die Hälse und entblößten gelbe und braune Zähne. Er dachte daran, seine Flöte zu holen, aber irgendwie erschien ihm das nicht der richtige Moment dafür: er war zu unruhig, zu begierig, selber mit seinem Gewehr dort oben zu sein, hinter den Felsen zu lauern und sich an die leichte Beute heranzupirschen. Er dachte an Tessalit und fragte sich, wie es dort wohl sein würde. Voller Schwarzer und Tuareg, und vermutlich belebter als Tabelbala, weil eine Straße durch die Stadt führte. Da fiel ein Schuß. Er wartete auf den nächsten, aber diesmal fielen keine weiteren. Wieder stellte er sich vor, zwischen den Felsen zu hocken und auf die fliehende Gazelle zu zielen. Er drückte ab, das Tier stolperte und fiel. Andere tauchten auf, er kriegte sie alle. In der Dunkelheit saßen die Reisenden um das Feuer und stopften sich mit frischem, geröstetem Fleisch voll, ihre Gesichter glänzten vor Fett. Alle waren glücklich, und selbst der Moungari mußte zugeben, daß der junge Filali der beste Schütze unter ihnen war.

In der zunehmenden Hitze döste er ein, sein Geist spielte über eine Landschaft von weichen Schenkeln und kleinen festen Brüsten, die sich wie Sanddünen unter ihm erhoben; Fetzen von Liedern segelten vorbei wie Wolken am Himmel, und die Luft war schwer vom Duft fetten Gazellenfleisches.

Plötzlich schnellte er auf und schaute sich hastig um. Die Kamele lagen mit ausgestreckten Hälsen am Boden. Nichts hatte sich verändert. Er stand auf, überflog unbehaglich die steinige Landschaft. Während er schlief, hatte sich eine feindliche Gegenwart in sein Bewußtsein geschlichen. Als er in Gedanken übersetzte, was er schon vorher gespürt hatte, stieß er einen Schrei aus. Seit er zum erstenmal diese kleinen flinken Äuglein gesehen hatte, mißtraute er ihrem Besitzer. Die Tatsache, daß sein Onkel ihn akzeptiert hatte, hatte jedoch seinen Verdacht in die Dunkelheit des Unterbewußtseins verstoßen. Doch vom Schlummer befreit, war er jetzt von neuem aufgebrochen. Er wandte sich dem heißen Berghang zu und starrte angestrengt zwischen die Felsbrocken, in die schwarzen Schatten. Im Geiste hörte er wieder die Schüsse in den Felsen, und plötzlich ging ihm auf, was sie zu bedeuten hatten. Schluchzend holte er tief Luft und rannte los, um auf sein *mehari* zu springen. Er zwang es aufzustehen und war schon ein paar hundert Schritte weit geritten, als er sich bewußt wurde, was er da tat. Er hielt das Tier an und saß einen Moment lang reglos da. Dann schaute er ängstlich und unentschlossen zum Lager zurück. Wenn seine Onkel wirklich tot waren, konnte er nichts anderes tun, als so schnell wie möglich aus der offenen Wüste verschwinden, weg von den Felsen, die dem Moungari Schutz gewähren könnten, während er auf ihn zielte.

Ohne zu wissen, welcher Weg nach Tessalit führte, und ohne ausreichende Nahrung und Wasser brach er auf. Er hob nur ab und zu die Hand, um sich die Tränen abzuwischen.

Zwei oder drei Stunden setzte er seinen Weg fort, ohne viel darauf zu achten, wohin das *mehari* lief. Plötzlich richtete er sich gerade auf, stieß einen Fluch gegen sich selber aus und zwang das Tier in einem Anfall von Wut, umzukehren. In diesem Moment saßen seine Onkel vielleicht mit dem Moungari am Feuer, bereiteten das *mechoui*, schürten das Feuer und fragten sich traurig, warum ihr Neffe sie verlassen hatte. Oder vielleicht war auch schon einer von ihnen aufgebrochen, um ihn zu suchen. Es gäbe keine plausible Erklärung für sein Verhalten; es war einfach das Resultat eines absurden Grauens. Als er so darüber nachdachte, nahm der Ärger gegen sich selbst zu: er hatte sich unverzeihlich verhalten. Der Mittag war vorbei, die Sonne stand im Westen. Es würde spät werden, ehe er wieder zurück war. Bei der Aussicht auf das spöttische Gelächter und die unvermeidlichen Vorwürfe, die ihn zur Begrüßung erwarteten, wurde sein Gesicht heiß vor Scham; grimmig trat er dem *mehari* in die Flanken.

Lange ehe er das Lager erreichte, hörte er den Gesang. Das überraschte ihn. Er hielt an und lauschte: die Stimme war noch zu weit entfernt, als daß er sie hätte identifizieren können, aber Driss war sicher, daß es die des Moungari war. Er setzte seinen Weg am Rand des Gebirges fort, bis er an eine Stelle kam, von wo aus er einen guten Blick auf die Kamele hatte. Der Gesang hörte auf, Schweigen breitete sich aus. Einige der Bündel waren – wohl in Vorbereitung des bevorstehenden Aufbruchs – den Tieren wieder aufgeladen worden. Die Sonne stand schon tief, und die Schatten der Felsblöcke fielen lang über den Sand. Es sah nicht so aus, als ob sie irgendwelches Wild erlegt hätten. Er stieß einen Schrei aus, bereit abzusteigen. Fast im gleichen Augenblick fiel aus nächster Nähe ein Schuß, und er hörte den leise sirrenden Laut der Kugel, die an seinem Kopf vorbeizischte. Er griff nach seinem Gewehr. Der zweite Schuß, ein stechender Schmerz in seinem Arm, und das Gewehr fiel ihm aus der Hand.

Für eine Sekunde saß er benommen da und hielt sich den Arm. Dann sprang er mit einem Satz von seinem Kamel, kauerte sich zwischen die Felsen und griff mit seinem unverletzten Arm nach dem Gewehr. Als er es berührte, fiel der dritte Schuß, und das Gewehr bewegte sich in einer kleinen Staubwolke ein paar Zentimeter auf ihn zu. Er zog die Hand zurück und betrachtete sie: sie war dunkel, Blut tropfte herunter. Im selben Moment stürzte sich der Moungari mit einem Satz über das offene Feld zwischen ihnen. Ehe Driss eine Bewegung machen konnte, war der Mann über ihm und hatte ihn mit dem Lauf des Gewehrs zu Boden gedrückt. Über ihnen wölbte sich ein ungetrübter Himmel, der Moungari schaute trotzig hinauf. Er setzte sich rittlings auf den auf dem Rücken liegenden Jungen, stieß ihm das Gewehr unter dem Kinn in den Hals und flüsterte: «Filali-Hund!»

Driss starrte mit einer gewissen Neugier zu ihm empor. Der Moungari war im Vorteil, Driss konnte nur abwarten. Er betrachtete dieses Gesicht im Schein der untergehenden Sonne und entdeckte eine eigenartige Entschlossenheit darin. Er kannte diesen Ausdruck, er kommt vom Haschisch. Wenn man sich von seinem heißen Rauch davontragen läßt, kann man der Welt der Bedeutung sehr weit entfliehen. Um das heimtückische Gesicht nicht länger anschauen zu müssen, verdrehte er die Augen. Über ihm nichts als der verblassende Himmel. Das Gewehr drückte ihm ein wenig auf die Kehle. Er flüsterte: «Wo sind meine Onkel?»

Der Moungari rammte ihm das Gewehr fester in den Hals, beugte sich leicht nach vorn und riß ihm mit einer Hand die *serouelles* vom Leib, so daß er jetzt von der Hüfte abwärts nackt dalag. Er krümmte sich, als er die kalten Steine unter sich spürte.

Dann holte der Moungari einen Strick und fesselte ihm die Füße. Er ging zwei Schritte bis zu Driss' Kopf, drehte sich abrupt um und stieß ihm das Gewehr in den Nabel. Immer noch mit einer Hand zog er dem Jungen die restlichen Kleider über den Kopf und schnürte seine Handgelenke zusammen. Mit einem alten Rasiermesser kappte er das überschüssige Stück Strick. In der ganzen Zeit rief Driss laut die Namen seiner Onkel, zuerst den einen, dann den anderen.

Der Mann stand auf und betrachtete den jungen Körper zwischen den Steinen. Er fuhr mit dem Finger über die scharfe Klinge, eine erwartungsvolle Erregung schien ihn zu packen. Er trat näher, schaute auf ihn herab und betrachtete das Geschlecht, das aus dem untersten Teil des Bauches emporsproß. Ohne sich völlig bewußt zu sein, was er tat, nahm er es in eine Hand und schwang den anderen Arm mit der Bewegung eines Schnitters, der seine Sichel schwingt, darüber hinweg. Es war auf der Stelle abgetrennt. Ein rundes, dunkles Loch blieb übrig, rotgefärbte Hautfetzen, er starrte einen Moment geistesabwesend darauf. Driss schrie. Alle Muskeln seines Körpers empörten sich, spannten sich.

Langsam fing der Moungari an zu lächeln, fletschte die Zähne. Er legte seine Hand über den verkrampften Bauch und strich über die Haut. Dann machte er einen vertikalen Einschnitt und stopfte das lose Organ sorgfältig mit beiden Händen hinein, bis es verschwand.

Als er seine Hände im Sand abwischte, stieß eins der Kamele plötzlich einen grunzenden gurgelnden Schrei aus. Der Moungari sprang auf und wirbelte mit erhobener Klinge in der Hand ungestüm herum. Dann, beschämt über seine Nervosität und mit dem Gefühl, daß Driss ihn beobachtete und sich über ihn lustig machte (dabei waren die Augen des Jungen blind vor Schmerz), wälzte er ihn mit dem Fuß auf den Bauch, wo er zukkend liegenblieb. Als der Moungari seine Bewegungen betrachtete, kam ihm eine neue

Idee. Es wäre nicht übel, dem jungen Filali eine letzte, entscheidende Demütigung zu verpassen. Er stürzte sich auf ihn, diesmal genoß er es, laut und ohne Hast. Am Ende schlief er ein.

Bei Anbruch der Dämmerung erwachte er und griff nach seinem Rasiermesser, das neben ihm auf der Erde lag. Driss stöhnte schwach. Der Moungari rollte ihn auf den Rücken und stieß die Klinge wie eine Säge durch seinen Hals, bis er sicher war, daß er die Luftröhre durchgetrennt hatte. Dann stand er auf, ging weg und belud die Kamele mit den letzten Lasten, die er am Abend vorher vergessen hatte. Als er damit fertig war, verbrachte er geraume Zeit damit, den Körper zum Fuß des Berges zu schleppen, wo er ihn zwischen den Felsbrocken versteckte.

Wenn er die Waren der Filala nach Tessalit transportieren wollte (denn in Taoudeni würde er keine Käufer finden), mußte er ihre *mehara* mitnehmen. Es dauerte fast fünfzig Tage, bis er die Stadt erreichte. Tessalit ist klein. Als der Moungari anfing, die Lederwaren anzubieten, kam das einem alten Filala zu Ohren, der dort wohnte und von den Leuten Ech Chibani genannt wurde. Als möglicher Kunde getarnt kam er vorbei, um sich die

Häute anzusehen, und der Moungari war so dumm, sie ihm zu zeigen. Filali-Leder ist unverwechselbar, und nur Filala kaufen und verkaufen es in größeren Mengen. Ech Chibani wußte, daß der Moungari auf unrechte Weise an die Ware gekommen war, aber er ließ sich nichts anmerken. Als ein paar Tage später eine andere Karawane aus Tabelbala mit Freunden der drei Filala in Tessalit eintraf, die sich nach ihnen erkundigten und sehr betrübt waren; als sie hörten, daß sie nie angekommen waren, ging der alte Mann zum Tribunal. Nach anfänglichen Schwierigkeiten fand er einen Franzosen, der gewillt war, ihn anzuhören. Am nächsten Tag statteten der Kommandant und zwei seiner Untergebenen dem Moungari einen Besuch ab. Sie fragten ihn, wie es kam, daß er drei überzählige *mehara* hatte, die noch immer einiges vom Zaumzeug der Filala trugen. Er antwortete verschlagen. Die Franzosen hörten aufmerksam zu, dankten ihm und verließen das Haus. Er bemerkte nicht, wie der Kommandant den beiden anderen zublinzelte, als sie auf die Straße hinaustraten. Und so blieb er in seinem Hof sitzen, ohne zu ahnen, daß er geprüft und für schuldig befunden worden war.

Die drei Franzosen kehrten zum Tribunal zurück, wo die kürzlich eingetroffenen Filala mit Ech Chibani auf sie warteten. Die Geschichte war nicht neu, es gab keinen Zweifel an der Schuld des Moungari.

«Er gehört euch», sagte der Kommandant. «Ihr könnt mit ihm machen, was ihr wollt.»

Die Filala dankten ihm ausgiebig, besprachen sich kurz mit dem alten Chibani und brachen in einer kleinen Gruppe auf. Als sie beim Haus des Moungari ankamen, kochte er gerade Tee. Er schaute auf, ein Schauer lief ihm über den Rücken. Er fing an, laut zu zetern und seine Unschuld zu beteuern; sie sagten nichts, sondern fesselten ihn mit vorgehaltenem Gewehr und warfen ihn in eine Ecke, wo er weiterjammerte und schluchzte. Ruhig tranken sie den Tee, den er gekocht hatte, machten noch etwas mehr und brachen bei Anbruch der Abenddämmerung auf. Sie banden ihn auf eins der *mehara*, bestiegen ihre eigenen und bewegten sich in einer schweigenden Prozession (schweigend bis auf den Moungari) aus dem Stadttor hinaus in die unendliche Wüste, die vor der Stadt lag.

Die halbe Nacht ritten sie so fort, bis sie eine

Gegend der Wüste erreichten, die von Menschen völlig unberührt war. Während er auf sein Kamel geschnürt vornüberhing und wimmerte, hoben sie eine brunnenähnliche Grube aus, und als sie damit fertig waren, holten sie ihn herunter und stellten ihn, noch immer straff gefesselt, hinein. Dann schütteten sie Sand und Steine nach, bis sein ganzer Körper verschwunden war und nur noch der Kopf über dem Erdboden sichtbar blieb. Im schwachen Schein des Neumondes wirkte sein rasierter Schädel ohne den Turban wie ein Stück Felsen. Immer noch flehte er sie an, beschwor Allah und Sidi Ahmed Ben Moussa, seine Unschuld zu bezeugen. Aber genausogut hätte er ein Lied singen können, denn sie schenkten seinen Worten keinerlei Aufmerksamkeit. Urplötzlich brachen sie dann auf, um nach Tessalit zurückzureiten, und waren im Handumdrehen aus seiner Hörweite verschwunden.

Als sie weg waren, verstummte der Moungari, um die kalten Stunden hindurch auf die Sonne zu warten, die erst Wärme, dann Hitze, Durst, Feuer und Visionen bringen würde. In der nächsten Nacht wußte er nicht mehr, wo er war, spürte auch die Kälte nicht länger. Der Wind wirbelte den Staub vom

Boden auf und blies ihn in seinen Mund, als
er sang.

S. S. Saturnia
(New York – Gibraltar)
1948

Doña Faustina

1

Keiner konnte verstehen, warum Doña Faustina das Gasthaus gekauft hatte. Es lag im Schutz einer Haarnadelkurve am Rande der alten Landstraße, die vom Fluß herauf zur Stadt führte; aber diese Route war durch den Bau der neuen gepflasterten Straße überflüssig geworden. Nun war es unmöglich, das Gasthaus zu erreichen, es sei denn, man kletterte einen steinigen Pfad über die Flußböschung hinauf und ging ein paar hundert Meter die alte Straße entlang, die schon seit langem nicht mehr ausgebessert, von Regenfluten abgetragen und von der üppigen Vegetation der Flachlandregion überwuchert worden war.

An den Sonntagen pflegten die Leute aus

der Stadt ins Grüne zu spazieren, die Frauen mit Sonnenschirmen und die Männer mit Gitarren (denn das war noch vor der Ära des Radios, jedermann konnte wenigstens leidlich ein Instrument spielen). Sie wanderten bis zu dem großen Brotfruchtbaum und schauten die Straße hinauf auf die verblaßte Fassade des Gebäudes, die mehr als zur Hälfte hinter jungen Bambuspflanzen und Bananenstauden verborgen lag. Sie betrachteten es eine Weile und wandten sich dann ab, um wieder nach Hause zurückzugehen.

«Warum läßt sie bloß das Schild hängen?» fragten sie sich. «Ob sie wirklich glaubt, daß irgend jemand hier die Nacht verbringen wollte?» Und damit hatten sie ganz recht, schließlich verirrte sich schon lange keiner mehr in die Nähe des alten Gasthauses. Nur die Leute aus der Stadt wußten, daß es existierte, und die brauchten es nicht.

Was blieb, war die Frage, warum sie es gekauft hatte. Wie immer, wenn die Leute aus der Stadt etwas nicht verstehen, dachten sie sich jede Menge von widerwärtigen Erklärungen für Doña Faustinas Verhalten aus. Die wichtigste und am weitesten verbreitete war die, daß sie beschlossen hatte, den Ort in ein Freudenhaus zu verwandeln. Aber die löste sich bald in Luft auf, denn es ereignete sich absolut nichts, was eine solche Theorie hätte untermauern können. Seit Wochen war niemand in der Nähe des Hauses gesehen worden, außer Doña Faustinas jüngerer Schwester Carlota, die aus Jalapa anreiste, und den beiden alten Dienstboten José und Elena, die jeden Morgen zum Markt kamen und sich ansonsten um ihre eigenen Angelegenheiten kümmerten. Nicht mal die böswilligsten Klatschbasen der Stadt kamen auf ihre Kosten. Carlota erschien gelegentlich ganz in Schwarz zur Messe. Es hieß, daß sie sich den Tod ihres Vaters sehr zu Herzen genommen hatte und die Trauerkleidung wahrscheinlich nie wieder ablegen würde.

Die übrigen Vermutungen, die die Leute aus der Stadt erfanden, um Licht in die Sache zu bringen, waren genauso unwahrscheinlich wie die erste. Gerüchten zufolge sollte Doña Faustina Chato Morales bei sich verstecken, einen Banditen, hinter dem die Polizei aus der Gegend schon seit Monaten her war — aber er wurde kurz darauf in einem weit entfernten Teil der Provinz geschnappt. Dann hieß es, daß das Gasthaus als Lager für einen Drogenring diente, aber auch das entpuppte sich als Reinfall. Die Anführer des Rings wurden gefaßt und gaben ihr Geheimnis preis: ihr Lager befand sich in einer Halle über der *Farmacía Ideal*. Es gab auch finstere Verdächtigungen: angeblich lockte Carlota einsame Reisende ins Haus, wo sie dann das Schicksal ereilte, das solchen allein reisenden Besuchern abgelegener Gasthäuser von alters her beschieden ist. Aber solche Anspielungen nahmen die Leute nicht ernst. Man war immer mehr der Ansicht, daß Doña Faustina nur ein bißchen verrückt geworden war, was dazu führte, daß sie sich immer mehr zurückzog und sich von jeder Gesellschaft abkapselte. So lebte sie eben draußen vor der Stadt, wo sie kaum jemals einer Menschenseele begegnete. Dieser Theorie widersprachen allerdings wiederum einige jüngere Mitglieder der Gemeinde, die behaupteten, daß Doña Faustina nicht verrückter war als sie selber, sondern ganz im Gegenteil ziemlich schlau. Da sie viel Geld hatte, hatte sie sich nämlich das Haus gekauft, weil es von riesigen Landflächen umgeben war, wo sie ihre Reichtümer in der Abgeschiedenheit der pflanzenüberwucherten Gärten und Haine verstecken konnte. Die älteren Bürger der

Stadt achteten jedoch nicht darauf, denn sie konnten sich noch gut an ihren Mann und an ihren Vater erinnern, von denen keiner sich beim Geldmachen besonders hervorgetan hatte. Und den Gasthof hatte sie praktisch für nichts gekauft. «Wo sollte sie die Pesos denn herhaben?» fragten sie. «Meint ihr, sie sind von den Bäumen gefallen?»

2

Als eines Tages ein Kind aus der Stadt spurlos verschwand (in jener Zeit kam es oft vor, daß man kleine Kinder verschleppte und sie an ferne Orte brachte, wo sie verkauft wurden und schwere Arbeit leisten mußten), bestanden die Eltern darauf, daß die Polizei auch das Haus von Doña Faustina durchsuchte. Doña Faustina, eine hochgewachsene Erscheinung in der Blüte ihres Lebens, öffnete dem Polizisten die Tür, weigerte sich jedoch, ihn hereinzulassen. Sie war so abweisend und starrte ihn so feindselig an, daß er sich gezwungen sah, zur *Comisaría* zurückzugehen und Verstärkung zu holen. Als er mit drei weiteren Männern zum Haus zurückkam, machten sie eine gründliche, aber unergiebige Hausdurchsuchung. Doña Faustina

folgte ihnen auf Schritt und Tritt und über-
häufte sie mit Beschimpfungen, bis sie das
Grundstück wieder verlassen hatten. Wenn
sie auch nichts gefunden hatten, so brachten
sie doch wenigstens eine Geschichte mit in
die Stadt zurück. Die Zimmer waren ein ein-
ziger Saustall, berichteten sie, die Möbel zer-
brochen, in den Gängen und Fluren lagen
überall Berge von Müll und Abfall, und im
zweiten Stock war das Geländer des Balkons
eingestürzt und mit Stacheldraht notdürftig
ausgebessert worden. Überhaupt sah das
ganze Haus so aus, als hätte man hier vor
Jahren Unmengen von Festen gefeiert und
dann nie wieder aufgeräumt. Dieser Bericht
bestärkte die Leute in ihrer Ansicht, daß
Doña Faustina mehr oder weniger den Verstand verloren hatte, und eine Weile vergaß
die Stadt sie einfach und dachte nicht weiter
über sie nach.

Doch es dauerte nicht lange, und die Leute
kamen dahinter, daß sie angefangen hatte,
mit ihrer Schwester Ausflüge in die benach-
barten Städte zu unternehmen. Man hatte sie
in weit auseinanderliegenden Orten wie Fla-
cotalpam und Zempoala gesehen. Doch
selbst diese Wallfahrten lösten kein echtes
Interesse mehr aus. Die Leute schüttelten

mehr oder weniger verständnisvoll den Kopf und sagten, daß Doña Faustina immer unberechenbarer wurde, aber das war alles.

Wenn die beiden Damen des Hauses auf Reisen gingen, blieben sie meist drei bis vier Tage fort und ließen José und Elena zurück, um das Grundstück zu bewachen. Sie kamen noch nicht mal in die Stadt, um ihre Einkäufe zu machen, bis die beiden wieder da waren. Bei ihrer Ankunft nahmen die beiden Schwestern immer den alten, überdachten Zweispänner, der täglich zum Bahnhof fuhr, um den Zug abzuwarten. Sie luden ihre zahllosen Bündel und Körbe hinein und ließen sich bis zur Biegung der Landstraße bringen, wo sie ausstiegen. Der Kutscher half ihnen mit ihren Habseligkeiten die Böschung hinauf und überließ sie dann sich selbst. Carlota ging los und holte José, der ihnen beim Tragen half, doch Doña Faustina bestand darauf, die schwersten Körbe immer selbst zu tragen. Nachdem sie ein paarmal durch das dichte Gestrüpp hin- und hergegangen waren, lag die verlassene Straße wieder ruhig und still da, bis die beiden alten Dienstboten am nächsten Morgen zum Markt aufbrachen.

Nach etwa zwei Wochen fuhren sie wieder

los, diesmal zu einem anderen Ort, und diese Art zu reisen führte sie notwendigerweise immer weiter von zu Hause fort. Einmal wurde sogar behauptet, daß man sie in Vera Cruz gesehen habe – wenn man jedoch daran dachte, wie viele falsche Gerüchte über die beiden Frauen kursierten, gab es eigentlich keinen besonderen Grund, ausgerechnet das zu glauben.

Ehe das Haus in einen Gasthof umgewandelt worden war, war es eine blühende *finca* gewesen, deren terrassenförmig angelegte Gärten voller Obstbäume etwa eine Meile steil abfielen, bis sie auf einen schroffen Felsabhang direkt über dem Fluß stießen. Seit etwa fünfzig Jahren hatte man nun das Land völlig vernachlässigt. Es wurde allmählich immer schwieriger, die Avocado- und Mandelbäume im Gewirr der fleißigen neuen Parasiten zu finden, die überall in die Höhe geschossen waren und nicht selten auch die höchsten alten Bäume schon bedeckten. Da hingen Lianen von den Ästen herab, und unzählige Kletterpflanzen reckten sich hoch, um sich an ihnen festzuklammern. Man konnte keine zwanzig Meter mehr von einem der Pfade abweichen, die vom Haus zu den Obstgärten führten, ohne auf einen undurchdringlichen Blätterwald zu stoßen. Und mittlerweile wußte auch keiner mehr, wie weit es vom Haus zum Fluß war, denn die Grenzen des Grundstücks verliefen im üppigen Dschungel.

3

Nicht einmal José hätte gewußt, daß der Teich existierte, wenn er nicht eines Nachmittags etwas weiter als sonst umhergestreift wäre, um zu schauen, ob er irgendwo ein paar *zapotes* auftreiben könnte. In der tiefen Stille des Unterholzes, weitab von den Teilen, die das Sonnenlicht noch erreichte, hörte er plötzlich ein heftiges Platschen, so als wenn man einen dicken Felsbrocken ins Wasser geworfen hätte. Er lauschte angestrengt, hörte aber nichts mehr. Am nächsten Nachmittag kam er während der Siesta-Zeit mit einer Machete bewaffnet zurück und hackte sich mühsam einen Weg durch die widerspenstige Vegetation. Es dämmerte schon leicht, als er plötzlich das Wasser vor sich sah. Und dann stand er am Ufer des Weihers. Das stehende Wasser strömte einen dumpfen, fauligen Geruch aus, und in der stillen Luft über ihm schwirrten die Insekten zu Tausenden herum. Während José so da stand und ihn betrachtete, kam es ihm vor, als wäre in der braunen Tiefe eine Bewegung zu erkennen; er wußte nicht warum, aber das Wasser war einfach nicht ganz ruhig. Eine Weile blieb er unbeweglich stehen und starrte in seine Betrachtungen versunken hinab, aber als dann das Licht immer schwächer wurde, machte er kehrt und ging zurück. Ohne sich zu überlegen warum, beschloß er, Elena nichts von dem Weiher zu erzählen.

Im Laufe der nächsten Monate kam José immer wieder an den Ort zurück in der Hoffnung, einmal herauszufinden, was das Platschen beim erstenmal verursacht hatte. Nicht mal ein Mensch, der in den Weiher springt, hätte einen solchen Lärm machen können. Auf der gegenüberliegenden Seite führte eine steingepflasterte Böschung zum Ufer hinauf (zweifellos war der Weiher angelegt worden, um darin Vieh zu baden), die er schon zweimal voller Wasserspritzer vorgefunden hatte, was nur noch mehr zu seiner Verwirrung beitrug. Beim zweitenmal hackte er sich einen Weg durch die Schlingpflanzen am Ufer, um die Böschung näher zu untersuchen. Und auf halbem Weg stieß er auf den Pfad. Irgendjemand hatte einen schmalen, aber begehbaren Tunnel vom Wasser zu irgendwo in der Nähe des Hauses angelegt. Er vergaß, was er eigentlich wollte, und folgte dem Pfad, der in einer Ecke des ehemaligen Rosengartens auslief, bis er auf einer der tiefergelegenen Terrassen zwischen Waschküchentür und den zerfallenen Ställen stand. Als er blinzelnd im hellen Sonnenlicht stand, erschien plötzlich Doña Faustina vor der Waschküche und kam die kleine Treppe herunter auf ihn zu. In der Hand hatte sie einen Korb, der oben mit Zeitungspapier bedeckt war. Automatisch ging der alte José ihr entgegen, um ihn ihr abzunehmen. Doch sie hatte offensichtlich nicht damit gerechnet, ihm hier zu begegnen, denn als sie aufschaute und merkte, wie dicht er schon vor ihr stand, verfinsterte sich ihr Gesicht ganz merkwürdig. Doch dann sagte sie nur: «Was hast du hier zu suchen? Geh in die Küche!», ging zu einer steinernen Bank unter einem Baum in der Nähe, setzte sich hin und stellte den Korb neben sich.

Auf dem Weg zum Haus fiel José ein, daß er seine *patrona* noch nie so finster gesehen hatte. Sie war immer streng, oft auch abweisend, aber nicht so sehr, daß sie ihn durch ihr Verhalten erschreckte, so wie heute. Es kam ihm fast so vor, als hätte ihn unter ihren

schweren Lidern hindurch ein Dämon ange-
schaut.

«Es muß wohl stimmen», dachte er,
«Doña Faustina wird verrückt. Was soll
denn bloß aus Elena und mir werden?»

Als er diesmal in die Küche kam, zog er
Elena beiseite und erzählte ihr im Flüsterton
von seinen Befürchtungen und wie seltsam
die Señora ihn im Garten angesehen hatte.

«O Gott», murmelte sie. Aber er sagte
nichts von dem Teich, weder jetzt noch später. Am liebsten wollte er überhaupt nicht
daran denken, denn er vermutete, daß er in
irgendeinem Zusammenhang mit Doña Faustinas verrücktem Verhalten stand, und die
Tatsache, daß er der einzige war, der ihr Geheimnis kannte, gab ihm ein gewisses Gefühl
der Sicherheit, das er verloren hätte, wenn er
Elena davon erzählt hätte.

4

An einem kühlen Abend voller *llovizna*, als
der mehlige Nebel langsam in Regen über-
ging und das Land durchtränkte, klopfte
es an der Haustür. Doña Faustina, die viel
im Keller herumhantierte, wo Bäder und
Waschküchen waren, hörte es von unten und

kam die Treppe heraufgestürzt. Ihr Gesicht war finster vor Wut. Carlota stand im *comedor* und konnte sich nicht entscheiden, ob sie aufmachen sollte oder nicht. Im gleichen Moment, als Doña Faustina hereinkam, klopfte es zum zweitenmal.

«Schon wieder die Polizei?» meinte Carlota ängstlich.

«*Ya veremos*», murmelte Doña Faustina. Sie ging hinaus, stellte sich vor die Tür und rief mit lauter Stimme:

«Wer?»

Keine Antwort.

«Mach nicht auf», flüsterte Carlota, die hinter ihr stand.

Doña Faustina machte eine ungeduldige Bewegung, um ihre Schwester zum Schweigen zu bringen. Sie warteten mehrere Minuten, aber es klopfte nicht wieder. Alles, was von draußen durch die Tür drang, war das unregelmäßige Tröpfeln von Wasser vom Balkon im ersten Stock zur Erde.

«Bleib hier», sagte Doña Faustina und ging durch den *comedor*, die Treppe hinunter, wieder zurück in die Waschküche. Dort sammelte sie den Abfall, der auf dem Boden verstreut herumlag, und packte damit zwei große Körbe voll. Dann trat sie aus dem

Seiteneingang leise in den Obstgarten hinaus, stieg vorsichtig die steinerne Treppe hinab und verschwand in der Dunkelheit des Rosengartens.

Schon nach einer halben Stunde stand sie wieder in der Eingangshalle, wo Carlota noch immer lauschend Wache hielt.

«Nichts», meinte Carlota, als Doña Faustina eine fragende Geste machte. Doña Faustina winkte sie zu sich. Sie zogen sich in den *comedor* zurück und tuschelten eine Weile miteinander. Hinter dem Krug, der auf einem mit Zeitungen überhäuften Regal stand, duckte sich eine Kerzenflamme.

«Es war nicht die Polizei», sagte Doña Faustina. «Dein Zimmer hat einen Schlüssel. Am besten gehst du nach oben, schließt die Tür ab und legst dich schlafen.»

«Und du?»

«Ich habe keine Angst.»

Nachdem Carlota gegangen war, goß Doña Faustina sich ein Glas Wasser ein und trank es nachdenklich aus. Dann nahm sie die Kerze und stieg die lange Treppe zu ihrem Zimmer hinauf. Sie zog die Tür hinter sich zu und stellte die Kerze ab. Neben ihrem durchgelegenen Bett, das Elena mit einem geflickten Moskitonetz verhängt hatte, stand ein

Mann. Schnell trat er auf sie zu, legte einen Arm hart um ihren Hals und stopfte ihr ein zerknülltes Stück Stoff in den Mund. Sie fuchtelte verzweifelt mit den Armen herum und schlug ihn einmal sogar ins Gesicht, aber fast augenblicklich schnürte er ihr die Handgelenke zusammen. Der Kampf war vorbei. Er stieß sie unsanft zum Bett, zerrte das Netz beiseite und warf sie drauf. Sie schaute zu ihm auf: er war ein hochgewachsener junger Mann, wahrscheinlich ein *mestizo*, ärmlich gekleidet. Als er im Zimmer herumstöberte und in den Kisten und Kästen herumwühlte, die in wilder Unordnung auf dem Boden verstreut lagen, schnaubte er verächtlich. Schließlich warf er voller Wut einen Stuhl um und fegte hämisch sämtliche Flaschen und die Stapel von alten Zeitungen vom Tisch herunter. Dann kam er wieder zum Bett und schaute im flackernden Licht der Kerze auf Doña Faustina hinunter. Zu ihrer Überraschung (wenn auch nicht zu ihrem Ärger) legte er sich hin und machte sie sich zu willen, stumm und unpersönlich. Ein paar Minuten später setzte er sich auf und nahm ihr den Stoffetzen aus dem Mund. Sie lag ruhig da und schaute zu ihm auf. Schließlich fragte sie:

«Was suchst du hier? Ich habe kein Geld.»

«Wer weiß, ob du nicht doch welches hast?»

«Ich sage dir, es ist keins da.»

«Wir werden sehen.»

Er stand auf. Wieder verbrachte er eine Viertelstunde damit, das Zimmer zu durchwühlen. Er stöberte in den Abfallhaufen unter den Tischen herum, warf die Möbel um, damit er auch an die unteren Teile herankam, und kippte Berge von Staub und Krimskrams aus den Schubladen. Dann zündete er sich eine kleine Zigarre an und kam zum Bett zurück. Seine nicht zueinander passenden Augen sahen im Licht der flackernden Kerze fast so aus, als ob sie geschlossen waren.

«Wo ist es?» fragte er.

«Es ist keins da. Aber ich habe etwas viel Wertvolleres.»

«Was?» Er schaute sie mit ungläubiger Verachtung an. Was konnte wertvoller sein als Geld?

«Mach meine Hände los.»

Er ließ eine Hand frei, behielt den anderen Arm jedoch in seiner Hand, während sie in ihren Kleidern herumfummelte. Eine Sekunde später brachte sie ein kleines Päckchen zum Vorschein, das in Zeitungspapier eingewickelt war, und reichte es ihm. Er legte es aufs Bett und fesselte ihre Hände von neuem. Dann nahm er das Päckchen übertrieben vorsichtig in die Hand und roch daran. Es war weich und fühlte sich ein wenig feucht an.

«Was ist das?»

«Mach es auf, *hombre*. Iß es. Du weißt genau, was es ist.»

Mißtrauisch wickelte er die äußere Umhüllung von Zeitungspapier auf und hielt den Inhalt dicht an die Kerze.

«Was ist das?» rief er.

«*Ya sabes, hombre*», sagte sie ruhig. «*Cómelo.*»

«Was ist das?» fragte er zum drittenmal. Er versuchte streng zu sein, aber sie erkannte in seiner Stimme Angst.

«Iß es, Sohn. Eine solche Chance hast du nicht jeden Tag.»

«Wo hast du es her?»

«Ah!» Doña Faustina machte ein geheimnisvolles und weises Gesicht und gab keine Antwort.

«Was soll ich damit?» fragte der junge Mann plötzlich, während er das Ding in seiner Hand betrachtete.

«Iß es! Iß es, und du hast Kraft für zwei», sagte sie einschmeichelnd.

«*Brujerías!*» rief er, legte es aber nicht weg.

Dann setzte er langsam hinzu: «Ich mag keine Hexerei. Ich mag sie einfach nicht.»

«Bah!» schnaubte Doña Faustina. «Sei nicht so dumm, Sohn. Stell keine Fragen. Iß es, und geh mit der Kraft für zwei deines Wegs. Wer wird es je erfahren? Sag es mir. Wer?»

Dieses Argument schien den jungen Mann zu überzeugen. Plötzlich hob er die Hand zum Mund und biß in das weiche Etwas, als wäre es eine Pflaume. Beim Essen streifte er Doña Faustina mit einem düsteren Blick. Als er fertig war, lief er erst unentschlossen im Zimmer hin und her und legte dabei den Kopf leicht zur Seite. Doña Faustina ließ ihn nicht aus den Augen.

«Wie fühlst du dich?» wollte sie wissen.

«*Bien.*»

«Zwei», erinnerte sie ihn. «Du hast nun Macht für zwei.»

Als ob ihn dieser verheißungsvolle Ansporn ermuntert hätte, kam er zum Bett und ließ sich noch einmal bei ihr nieder. Diesmal küßte er sie auf die Stirn. Als es vorbei war, stand er auf, ging zur Tür hinaus und die Treppe hinunter, ohne den Strick zu lösen,

der ihre Hände fesselte, und ohne ein Wort.
Dann hörte sie, wie die Vordertür ins Schloß
fiel. Im selben Moment flackerte die Kerze,
die fast ab gebrannt war, noch einmal auf
und verlöschte. Das Zimmer lag im Dunkeln.

5

Die ganze Nacht lag Doña Faustina reglos
auf ihrem Bett. Dann und wann schlief sie
ein, aber wenn sie wach war, lauschte sie dem
sanften Rauschen des Regens vor dem Fenster. Als Carlota am nächsten Morgen vorsichtig ihre Tür einen Spaltbreit aufschob
und sah, daß im Flur offenbar alles so aussah
wie immer, ging sie hinauf in Doña Faustinas
Zimmer.

«*Ah Dios!*» rief sie, als sie Doña Faustina
auf dem Bett liegen sah. Ihre Kleider waren
teilweise zerfetzt, die Hände gefesselt. «O
Gott. O Gott.»

Doña Faustina war ganz gelassen. Während Carlota den Strick aufmachte, erzählte
sie ihr: «Er hat mir nichts getan. Aber ich
mußte ihm das Herz geben.»

Schreckensbleich hielt Carlota inne und
sah ihre Schwester an.

«Bist du verrückt?» rief sie. «Jeden Moment wird die Polizei hier sein.»

«Nein, nein», beruhigte Doña Faustina sie, und sie behielt recht: die Polizei kam nicht wieder, um das Haus noch einmal zu durchsuchen. Nach zwei Wochen machten sie ihre nächste kleine Reise und wenig später wieder eine. Zwei Tage nachdem sie zurück waren, rief Doña Faustina Carlota in ihr Zimmer und sagte: «Es wird ein Kind kommen.»

Carlota setzte sich ungläubig aufs Bett.

«Wie schrecklich!»

Doña Faustina lächelte. «Aber nein. Es ist vollkommen. Denk doch nur: es wird Macht von siebenunddreißig haben.»

Aber Carlota schien nicht überzeugt. «Wir wissen nichts über diese Dinge», sagte sie. «Es könnte auch eine Vergeltung sein.»

«Nein nein nein», sagte Doña Faustina und schüttelte den Kopf. «Aber wir müssen uns jetzt mehr in acht nehmen als je zuvor.»

«Keine Reisen mehr?» fragte Carlota hoffnungsvoll.

«Ich muß darüber nachdenken.»

Ein paar Tage später saßen sie nebeneinander auf der Bank im Rosengarten.

«Ich habe nachgedacht», sagte Doña Faustina. «Es wird keine Reisen mehr geben.»

«Gut», meinte Carlota.

Gegen Ende des Jahres lag Doña Faustina fast nur noch auf dem Bett und erwartete die Geburt ihres Kindes. Eines Tages setzte sie sich bequem auf dem durchgelegenen alten Bett zurecht und ließ zum erstenmal seit Monaten Elena kommen, um das Zimmer auszufegen. Doch auch als das Zimmer sauber war, strömte es noch den Gestank nach altem Müll aus, der so lange darin gelegen hatte. In der Stadt hatte Carlota eine kleine Wiege gekauft, was das Interesse der Stadtleute natürlich aufs neue geweckt hatte.

Als die Zeit gekommen war, rief Doña Faustina Elena und Carlota ins Zimmer, damit sie ihr bei der Geburt halfen. Doña Faustina stieß keinen einzigen Schrei aus. Das Baby wurde gewaschen und neben ihr ins Bett gelegt.

«Ein Junge», sagte Elena und lächelte auf sie herab.

«Natürlich», antwortete Doña Faustina und gab ihm die Brust.

Elena stieg wieder in die Küche hinunter und erzählte José die guten Neuigkeiten. Er schüttelte düster den Kopf.

«Irgendwas ist faul an der Sache», grunzte er.

«An welcher Sache?» fragte Elena scharf.

«Wer ist der Vater?» meinte José und schaute zu ihr auf.

«Das ist Doña Faustinas Geheimnis», sagte Elena überheblich, fast als wäre es ihr eigenes.

«Ja, das glaube ich auch», erwiderte José bedeutungsvoll. «Wenn du mich fragst, ich glaube, es gibt gar keinen Vater. Ich glaube, der Teufel hat ihr das Kind gemacht.»

Elena war empört. «Schämst du dich nicht», rief sie. «Wie kannst du so was sagen?»

«Ich habe meine Gründe», sagte José finster. Aber mehr war nicht aus ihm herauszuholen.

Alles ging gut. Mehrere Monate verstrichen. Das Baby, das sie Jesus genannt hatten, erfreute sich bester Gesundheit – *«un torito»*, sagte Elena, «ein echter kleiner Bulle.»

«Kein Wunder», hatte Doña Faustina einmal geantwortet, «er hat ja auch Macht von siebenunddreißig …» Genau in diesem Moment bekam Carlota einen heftigen Hustenanfall, in dem der Rest des Satzes unterging. Elena hatte nichts bemerkt.

Die Regenzeit war vorbei, jetzt kehrten die hellen Tage voller Sonnenschein und grüner

Blätter zurück. Wieder einmal ging José auf die Suche nach Früchten. Langsam schlenderte er den Garten hinunter, manchmal kroch er auch auf allen vieren, um unter den hängenden Mauern von Schlingpflanzen und Ranken hindurchzuschlüpfen. Eines Tages hackte er sich wieder einen Weg zum Weiher frei. Dort blieb er an dem einen Ufer stehen, um die Rampe auf der anderen Seite zu betrachten, und da sah er es – ein Monster, das an ihm vorbeiglitt und unter der Wasseroberfläche verschwand. Sein Mund fiel ihm herab. Nur ein Wort konnte er gerade noch herausbringen: «*Caimán.*»

Ein paar Minuten stand er reglos da und starrte ins dunkle Wasser hinab. Dann schlich er am Ufer des Weihers entlang, da, wo letztes Jahr der Pfad gewesen war. Er war wie vom Erdboden verschluckt. Offensichtlich war viele Monate lang niemand mehr am Weiher gewesen; es gab nicht mal mehr Anzeichen dafür, daß ein solcher Gang mitten in der üppigen Vegetation je existiert hatte. Er ging denselben Weg zurück, den er gekommen war.

Es ist ein Skandal, dachte José, daß ein solches Biest auf Doña Faustinas Anwesen lebt, und er beschloß, sie auf der Stelle davon in

Kenntnis zu setzen. Er fand sie in der Küche, wo sie sich mit Elena unterhielt. An seinem Gesicht erkannte sie, daß irgend etwas nicht stimmte, und vielleicht aus Angst, daß er genau das sagen würde, was er tatsächlich einen Augenblick später sagte, versuchte sie, ihn aus der Küche zu lotsen.

«Komm mal mit nach oben. Ich möchte, daß du etwas für mich erledigst», sagte sie, trat neben ihn und zupfte ihn am Ärmel.

Aber José war viel zu aufgeregt, um darauf zu achten. Er merkte nicht einmal, daß sie ihn berührte.

«Señora!» rief er. «Wir haben ein Krokodil im Garten.»

Doña Faustina sah ihn mit unverhohlenem Haß an. «Was sagst du da?» meinte sie sanft. Ihre Stimme klang besorgt, so, als ob man den alten Mann mit besonderer Nachsicht behandeln müßte.

«Ein riesiger *caimán* … ich hab ihn gesehen!»

Elena schaute ihn ängstlich an.

«Er ist krank», flüsterte sie Doña Faustina zu. José hörte, was sie sagte.

«Krank!» lachte er verächtlich. «Komm mit und warte ab. Ich werde dir schon zeigen, wer hier krank ist. Komm nur.»

«Du meinst im Garten?» wiederholte Doña Faustina ungläubig. «Aber wo denn?»

«In dem großen Weiher, Señora.»

«Weiher? Was denn für ein Weiher?»

«Die Señora weiß nichts von dem Weiher? Dort unten, unterhalb des Obstgartens gibt es einen Tümpel. *Sí, sí, sí—*» beharrte er, als er Elenas Gesicht sah. «Ich bin oft dort gewesen. Es ist nicht weit. Kommt —»

Als Elena entschlossen schien, ihre Schürze abzulegen und seiner Aufforderung zu folgen, änderte Doña Faustina ihre Taktik.

«Hört auf mit dem Unsinn!» rief sie. «Wenn du krank bist, José, leg dich ins Bett. Oder bist du etwa betrunken?» Sie trat an ihn heran und schnüffelte mißtrauisch. «Nein? *Bueno.* Elena, mach ihm einen starken Kaffee, und in einer Stunde sagst du mir Bescheid, wie es ihm geht.»

Aber als sie wieder in ihrem Zimmer war, fing Doña Faustina doch an, sich Sorgen zu machen.

6

Sie kamen gerade noch rechtzeitig raus. Carlota war nicht sicher, daß sie wirklich weggehen sollten.

«Aber wo sollen wir denn hin?» fragte sie kläglich.

«Mach dir darüber keine Sorgen», sagte Doña Faustina. «Denk lieber an die Polizei. Wir müssen hier weg. Ich weiß es. Was nützt uns Macht von siebenunddreißig, wenn ich nicht darauf höre, was sie mir raten? Sie sagen, daß wir hier weg müssen. Heute noch.»

Als sie von ihren vielen Körben umgeben im Zug saßen und auf die Abfahrt warteten, hielt Doña Faustina Jesus Maria ans Fenster, nahm seinen winzigen Arm und winkte der Stadt zum Abschied zu. «Auf jeden Fall ist die Hauptstadt ein viel besserer Ort für ihn», flüsterte sie.

Sie gingen in eine kleine *fonda* in der Hauptstadt, wo Doña Faustina am zweiten Tag auf die Idee kam, sich bei der nächsten *comisaría* für einen Posten als weibliche Hilfskraft bei der Polizei zu bewerben. Ihre körperliche Erscheinung und die Tatsache, daß sie vor nichts auf der Welt Angst zu haben schien, wie sie auch dem zuständigen Kommissar versicherte, beeindruckten die ansässigen Polizeibeamten, und so wurde sie schließlich nach diversen Prüfungen in die Truppe aufgenommen.

«Du wirst sehen», sagte sie zu Carlota, als

sie an diesem Abend hoch gestimmt nach Hause kam. «Von jetzt an haben wir nichts mehr zu befürchten. Jetzt kann uns nichts mehr passieren. Wir haben neue Namen. Wir sind neue Menschen. Jetzt zählt nur noch Jesus Maria.»

Zur gleichen Zeit wimmelte es auf ihrem Anwesen von Polizei. Die Neuigkeit von dem *caimán*, auf dem José mit seinem Dickkopf bestand, erst bei Elena und dann auch bei den anderen auf dem Markt, war bis zu den Beamten vorgedrungen und hatte ihre Neugier von neuem geweckt. Als sich herausstellte, daß es nicht eins war, sondern gleich ein Pärchen von den Biestern in dem versteckten Weiher lebte, stellte die Polizei genauere Nachforschungen an. Nicht einmal jetzt glaubte irgend jemand im Umkreis ernstlich, daß Doña Faustina und ihre Schwester für das Verschwinden von Dutzenden kleiner Kinder verantwortlich gemacht werden könnten, die in den letzten zwei, drei Jahren verschleppt worden waren, doch war man im allgemeinen der Ansicht, daß es ja nichts schaden könnte, der Sache einmal nachzugehen.

Unter einem der Waschkessel in einer dunklen Ecke der Waschküche fanden die

Polizisten ein Bündel blutverschmierter Kleiderfetzen, die sich bei näherer Untersuchung ohne jeden Zweifel als die eines der verschwundenen Kinder entpuppten. Dann entdeckten sie noch mehr von solchen Kleiderresten, die in die Fenster gestopft worden waren, um die Lücken zu füllen, die durch zerbrochene Scheiben entstanden waren.

«Die müssen Jesus Maria gehören», sagte die treue Elena, «in ein oder zwei Tagen kommt die Señora zurück und wird euch alles erklären.» Die Polizisten lachten verächtlich.

Sogar der *jefe* kam und schaute sich in der Waschküche um.

«Sie war nicht dumm», sagte er anerkennend. «Sie machte ihre Arbeit hier, und die da» – er deutete hinaus Richtung Obstgarten – «erledigten dann den Rest.»

Stück für Stück fügten sich die Bruchstücke zu einem Ganzen zusammen und ergaben ein einheitliches Bild: es konnte einfach nicht länger an Doña Faustinas Schuld gezweifelt werden. Aber sie zu finden war eine andere Sache. Eine Weile berichteten alle Zeitungen ausführlichst über den Fall. Sie verbreiteten die widerlichsten Geschichten und forderten ihre Leser immer wieder dazu auf, nach den zwei Monsterfrauen Ausschau zu halten. Aber es stellte sich heraus, daß kein Bild von den beiden aufzutreiben war.

Doña Faustina sah die Zeitungen, las die Berichte und zuckte mit den Achseln. «All das ist schon lange her», sagte sie. «Es hat heute keine Bedeutung mehr. Und selbst wenn, könnten sie mich nicht kriegen. Ich habe viel zuviel Macht für sie.» Und es dauerte auch nicht lange, bis die Zeitungen sich wieder mit anderen Dingen beschäftigten.

Fünfzehn Jahre gingen ins Land. Jesus Maria, der für sein Alter ungewöhnlich klug und kräftig war, bekam eine Position als Dienstbote im Hause des Polizeichefs angeboten. Er kannte den Jungen und seine Mutter seit Jahren und mochte ihn gern. Das war ein großer Triumph für Doña Faustina.

«Ich weiß, daß du ein großer Mann wirst», sagte sie zu Jesus Maria, «und uns nie Schande machen wirst.»

Doch genau das tat er schließlich doch, und Doña Faustina war untröstlich.

Nach drei Jahren wurde ihm die eintönige Arbeit langweilig, und er trat in die Armee ein. Er hatte eine Empfehlung seines Arbeitgebers an einen guten Freund bei sich, einen gewissen Colonel, der dafür sorgte, daß Jesus Maria in der Kaserne gut behandelt wurde. Er hatte Glück und wurde so oft befördert, daß er schon im Alter von fünfundzwanzig Jahren selber Colonel war. Es soll nicht unerwähnt bleiben, daß der Rang eines Colonels in der mexikanischen Armee keine besonders hohe Errungenschaft ist oder notwendigerweise als Zeichen besonderer Verdienste gilt. Es besteht jedoch kaum Zweifel, daß Jesus Marias Karriere auch weiterhin steil nach oben gegangen wäre, wenn er nicht zufällig zur Zeit der Überfälle auf die Dörfer um Zacateas, die ein gewisser Fermin Figuero anzettelte, in der Nähe gewesen wäre. Seine Vorgesetzten wollten ihm wieder einmal einen Gefallen erweisen und verschafften ihm das Privileg, Anführer einer Strafexpedition auf der Suche nach Figuero zu werden. Jesus Maria war sicher nicht unfähig, denn innerhalb von drei Tagen hatte er den Anführer der Gruppe zusammen mit sechsunddreißig Männern gefangengenommen.

Niemand weiß genau, was sich in dem kleinen Bergdorf, in dem die Verhaftung erfolgt war, abspielte, außer daß Figuero und seine Kumpanen auf einer Schafweide eingesperrt wurden, um erschossen zu werden. Als jedoch ein paar Stunden später ein Korporal mit sechs Soldaten erschien, um die Exekution durchzuführen, war der Corral leer. Nachdem man Jesus Maria seinen Rang als Colonel aberkannt hatte, wurde sogar behauptet, daß der Schäfer beobachtet hatte, wie er im Sonnenschein des hellen Nachmittags, als jedermann sich zur Siesta zurückgezogen hatte, den Corral betreten und die Stricke, mit denen Figuero gefesselt war, durchgeschnitten hatte. Dann hatte er ihm sein eigenes Messer gegeben, hatte sich umgedreht und war weggegangen. Nur wenige glaubten an die Geschichte: solche Dinge tut ein Colonel nicht. Trotzdem war man sich darüber einig, daß er unverantwortlich leichtsinnig gewesen war und daß es nur ihm zu verdanken war, daß die siebenunddreißig Banditen entwischt waren, um weitere Greueltaten zu begehen.

Am Abend, als Jesus Maria in die Kaserne der Hauptstadt zurückkam, ging er in die Latrine und stellte sich vor den fliegenverdreckten Spiegel. Langsam fing er an zu lächeln und beobachtete, wie sich sein Gesicht dabei verzog. «Nein», sagte er und versuchte es noch einmal. Das Gesicht des Mannes hatte ähnlich ausgesehen; er würde es nie ganz genau hinkriegen, aber er konnte es weiter versuchen, denn es machte ihn einfach glücklich, sich an diesen Augenblick zu erinnern – das einzige Mal, daß er gespürt hatte, wie es ist, Macht zu haben.

Tanger
1949

Der Garten

Ein Mann, der in einer fernen Stadt im Süden lebte, arbeitete in seinem Garten. Er war arm, und deshalb lag sein Garten am Rand einer Oase. Den ganzen Nachmittag über hob er Wassergräben aus, und als der Tag sich dem Ende zuneigte, öffnete er am oberen Ende des Gartens die Schleuse, die das Wasser eingedämmt hatte. Und nun strömte es die Kanäle entlang zu den Gerstenfeldern und den jungen Granatapfelbäumen. Der Himmel war in rotes Licht getaucht, und als der Mann bemerkte, daß die Erde seines Gartens wie lauter Juwelen glänzte, setzte er sich auf einen Stein, um ihn zu betrachten. Der Garten leuchtete immer heller, und er dachte: «In der ganzen Oase gibt es keinen schöneren Garten als meinen.»

Ein großes Glücksgefühl durchströmte ihn, und er blieb lange Zeit sitzen und kam erst sehr spät nach Hause. Als er zur Tür hereinkam, schaute seine Frau ihn an und bemerkte die Freude, die ihm aus den Augen strahlte.

«Er hat einen Schatz gefunden», dachte sie, aber sie sagte nichts. Als sie sich dann beim Abendessen gegenübersaßen, dachte der Mann noch immer an seinen Garten, und es schien ihm, als könnte ihn dieses Glück, nun da er es erfahren hatte, nie wieder verlassen. Er aß, ohne etwas zu sagen.

Auch seine Frau sprach nicht. «Er denkt an den Schatz», sagte sie sich, und sie war böse, daß er sein Geheimnis nicht mit ihr teilen wollte. Am nächsten Morgen ging sie zum Haus einer alten Frau und kaufte dort viele Kräuter und Pulver. Die nahm sie mit nach Hause und verbrachte dann mehrere Tage damit, sie zu mischen und zu kochen, bis sie eine Medizin gemacht hatte, die sie brauchte. Von nun an tat sie bei jeder Mahlzeit ein wenig von dem *tseuheur* in das Essen ihres Mannes.

Es dauerte nicht lange, und der Mann wurde krank. Eine Zeitlang ging er noch jeden Tag zur Arbeit in seinen Garten. Oft war er jedoch, wenn er dort ankam, so erschöpft, daß er sich hinsetzen und an einer Palme anlehnen mußte. Er hörte ein Sausen in den Ohren und konnte seinen Gedanken nicht mehr folgen. Trotzdem – jeden Abend, wenn die Sonne unterging und er den Garten in ihrem roten Licht leuchten sah, war er glücklich. Und wenn er abends nach Hause kam, merkte seine Frau, daß seine Augen noch immer voller Freude waren.

«Er hat seinen Schatz gezählt», dachte sie und fing an, heimlich zum Garten zu gehen, wo sie sich hinter ein paar Bäumen versteckte und beobachtete, was er tat. Als sie sah, daß er nur dasaß und zu Boden schaute, ging sie wieder zu der alten Frau und erzählte ihr davon.

«Du mußt dich beeilen und ihn zum Reden bringen, ehe er vergißt, wo er den Schatz versteckt hat», riet ihr die alte Frau.

An diesem Abend mischte die Frau eine große Menge *tseuheur* in sein Essen, und als sie später beim Tee saßen, fing sie an, ihm um den Bart zu gehen. Der alte Mann lächelte bloß. Sie versuchte eine ganze Weile, ihn zum Reden zu bringen, aber er zuckte nur die Achseln und gestikulierte mit den Händen.

Am nächsten Morgen ging sie in aller Frühe, als er noch schlief, wieder zu der alten Frau und erzählte ihr, daß der alte Mann nicht mehr sprechen konnte.

«Du hast ihm zuviel gegeben», sagte die alte Frau. «Jetzt wird er dir sein Geheimnis nie verraten. Dir bleibt nichts anderes übrig, als so schnell wie möglich wegzugehen, ehe er stirbt.»

Die Frau rannte nach Hause. Ihr Mann lag mit offenem Mund auf seiner Matte. Sie packte ihre Habseligkeiten zusammen und verließ die Stadt noch am gleichen Morgen.

Drei Tage lag der Mann in tiefem Schlaf. Als er am vierten Tag erwachte, kam es ihm vor, als hätte er eine weite Reise zum anderen Ende der Welt gemacht. Er war sehr hungrig, aber alles, was er im Haus fand, war ein Stück trockenes Brot. Als er es gegessen hatte, ging er zu seinem Garten am Rand der Oase und pflückte viele Feigen. Dann setzte er sich hin und aß. Er dachte nicht ein einziges Mal an seine Frau, er hatte sie einfach vergessen. Als ein Nachbar vorbeikam und ihn grüßte, antwortete er höflich, als spräche er zu einem Fremden, und der Nachbar ging verwirrt seines Weges.

Nach und nach wurde der Mann wieder gesund. Er arbeitete jeden Tag im Garten. Wenn die Dämmerung kam, schaute er sich den Sonnenuntergang und das rotglänzende Wasser an. Dann ging er nach Hause, kochte sich sein Abendessen und legte sich schlafen. Er hatte keine Freunde mehr, denn wenn die anderen Männer ihn ansprachen, wußte er nicht, wer sie waren, und deshalb lächelte er bloß und nickte ihnen zu. Schließlich fiel den Leuten in der Stadt auf, daß er nicht mehr zum Beten in die Moschee kam. Sie sprachen untereinander darüber, und eines Tages kam der Imam zum Haus des Mannes, um mit ihm darüber zu reden.

Während sie miteinander sprachen, horchte der Imam auf die Geräusche der Frau im Haus. Aus Höflichkeit erwähnte er sie nicht, aber er dachte an sie und fragte sich, wo sie wohl steckte. Als er das Haus verließ, plagten ihn viele Zweifel.

Der Mann dagegen fuhr fort, sein eigenes Leben zu leben. Die Leute in der Stadt sprachen von nichts anderem mehr. Sie flüsterten sich zu, daß er seine Frau getötet habe, und es gab nicht wenige unter ihnen, die sich am liebsten zusammengetan und das Haus nach ihren Überresten durchsucht hätten. Aber der Imam war dagegen und kündigte an, daß er nochmals hingehen und mit dem alten Mann reden würde. Diesmal ging er den ganzen Weg bis zum Garten am Rand der Oase und fand ihn dort glücklich bei der Arbeit mit seinen Pflanzen und Bäumen. Er schaute ihm eine Zeitlang zu, trat dann näher und wechselte ein paar Worte mit ihm.

Es war schon später Nachmittag. Im Westen versank die Sonne, und das Wasser fing an, rot aufzuglühen. Plötzlich sagte der alte Mann zum Imam: «Der Garten ist schön.»

«Schön oder nicht schön», erwiderte der Imam. «Du solltest Allah danken, daß er dir gestattet, ihn zu besitzen.»

«Allah?» sagte der alte Mann. «Wer ist das? Ich habe noch nie von ihm gehört. Diesen Garten habe ich ganz allein gemacht. Ich habe jeden einzelnen Graben selber ausgehoben und jeden einzelnen Baum selbst gepflanzt, und dabei hat mir keiner geholfen. Ich schulde niemandem Dank.»

Der Imam wurde bleich. Er hob den Arm und schlug dem Mann hart ins Gesicht. Dann ging er rasch davon.

An diesem Abend beratschlagten sich die Leute in der Moschee. Sie entschieden, daß der Mann nicht länger in ihrer Stadt leben konnte. Früh am nächsten Morgen ging eine große Menge von Männern mit dem Imam an der Spitze hinaus zur Oase, zum Garten des Mannes.

Die kleinen Jungen rannten vor den Männern her und kamen lange vor ihnen an. Sie versteckten sich in den Büschen, und als sie den alten Mann bei der Arbeit entdeckten, bewarfen sie ihn mit Steinen und riefen ihm Schimpfnamen hinterher. Er kümmerte sich nicht um sie. Plötzlich traf ihn ein Stein am Hinterkopf. Mit einem Satz sprang er auf. Als sie vor ihm davonliefen, stolperte einer von ihnen, und der Mann erwischte ihn. Er versuchte ihn festzuhalten und ihn zu fragen: «Warum werft ihr mit Steinen nach mir?», aber der Junge schrie und zappelte nur.

Als die Leute aus der Stadt auf ihrem Weg zum Garten das Geschrei vernahmen, kamen sie angerannt, zerrten den Jungen von ihm weg und hieben mit Hacken und Sicheln auf den Mann ein. Als sie fertig mit ihm waren, ließen sie ihn mit dem Kopf in einem der Wassergräben liegen, gingen zurück zur Stadt und dankten Allah, daß er den Jungen gerettet hatte.

Nach und nach vertrockneten die Bäume, und nach kurzer Zeit war der Garten verschwunden. Nur die Wüste war noch da.

Asilah
1963

Das Wasser von Izli

Niemand hätte beim Anblick der beiden weitläufigen Dörfer, die übereinander auf dem sonnigen Abhang des Berges lagen, angenommen, daß sie miteinander verfeindet waren. Doch wenn man genauer hinschaute, entdeckte man in der Lage der beiden in der Landschaft ziemlich ausgeprägte Unterschiede. Tamlat lag höher, die Häuser standen weiter auseinander, und es gab viele Bäume in den Straßen. In Izli war alles dicht zusammengedrängt, so als gäbe es nicht genug Platz für alle. Das ganze Dorf schien auf Felsbrocken gebaut zu sein, hinter denen steile Abgründe ins Tal hinabfielen. Tamlat war von grünen Feldern und Wiesen umgeben. Es lag weiter oben, wo das Tal sich verbreiterte und es genug Platz zum Bestellen des Bodens gab, deshalb lebten die Leute dort gut. Die Gärten unten in Izli waren nicht viel mehr als abschüssige Terrassen mit steilen Treppengängen dazwischen. Egal, wie sehr sie sich auch abrackerten, um Gemüse und Obst anzubauen, nie hatten die Dörfler genug.

Was eigentlich hätte helfen sollen, um für Izlis ungünstige Lage zu entschädigen, war die große Quelle am Rande des Dorfes mit dem süßesten Wasser in der ganzen Gegend. Die Leute von Izli schrieben ihm heilende Kräfte zu, was von den Bewohnern von Tamlat abgestritten wurde, obwohl sie selbst nicht selten hinuntergingen und ihre Krüge und Schläuche damit füllten, um es mit nach Hause zu nehmen. Es gab keine Möglichkeit, das Land um die Quelle einzuzäunen, sonst hätten die Leute von Izli schon längst dafür gesorgt, daß keiner außer ihnen Zugang zu dem Wasser hatte. Wenn die Bewohner von Tamlat doch wenigstens zugegeben hätten, daß dieses Wasser besser war als ihr eigenes, dann hätte man sie vielleicht irgendwann dazu bringen können, ihnen ein wenig Gemüse dafür zu bezahlen. Sie waren jedoch stets darauf bedacht, so etwas nie zu erwähnen. Abgesehen davon, daß sie gelegentlich hingingen und sich etwas davon mitnahmen, verhielten sie sich so, als ob die Quelle gar nicht existierte.

Der Mann, dessen Land der Quelle am nächsten lag, hieß Ramadi und war angeblich der reichste Mann von ganz Izli. Nach dem Standard von Tamlat hätte er nicht mal als wohlhabend gegolten. Aber seine schwarze Stute war das einzige Pferd in Izli, und in seinem Garten wuchsen dreiundzwanzig Mandelbäume auf acht verschiedenen Terrassen. Er hatte mit eigenen Händen Kanäle angelegt, die vom klaren frischen Wasser der Quelle gespeist wurden. Die Stute war ein schönes Tier, das er sorgfältig pflegte. Wenn er dann seinen weißen Selham anlegte und die Stute durchs Dorf und auf die Straße hinauslenkte, flüsterten die Leute sich zu, daß er fast aussah wie Sidi Bouhajja. Das war ein großes Kompliment, denn Sidi Bouhajja war der bedeutendste Heilige der Gegend. Er kleidete sich stets in Weiß und ritt ein schwarzes Pferd; seins war jedoch ein Hengst.

Schon seit geraumer Zeit war Ramadi auf der Suche nach einem passenden Partner für seine Stute. Unter all den Hengsten, die er sich in den umliegenden Dörfern angesehen hatte,

hatte er jedoch keinen finden können, der ihr ebenbürtig war. Im Grunde war das einzige Pferd, das er für sie akzeptiert hätte, der glänzende schwarze Hengst, den Sidi Bouhajja ritt, und der kam nicht in Frage, denn es war unmöglich, einen Heiligen um einen solchen Gefallen zu bitten.

Viele Leute glaubten, daß Sidi Bouhajja mit seinem Pferd sprechen konnte. Und es war überall bekannt, denn er hatte es bei mehreren Gelegenheiten öffentlich erklärt, daß im Augenblick seines Todes sein Pferd entscheiden würde, wo er begraben werden sollte. Er hatte darum gebeten, daß man seine Leiche auf den Rücken des Tieres binden und es dann frei herumlaufen lassen sollte. An der Stelle, wo es anhielt, war der Ort, an dem Sidi Bouhajja begraben werden wollte. Zweifellos trug dieser Wunsch zu der Vorstellung bei, daß der alte Mann und sein Pferd eine Geheimsprache hatten.

Es wurde viel darüber diskutiert, welche Gegend wohl das große Glück haben würde, Sidi Bouhajjas Grabstätte errichten zu dürfen, aber alle Spekulationen fanden ein abruptes Ende, als Sidi Bouhajja eines Tages vor seiner Moschee in Tamlat zusammenbrach.

An diesem Tag war der Heilige durch Izli geritten und an Ramadis Haus vorbeigekommen. Die Stute graste im Schatten einer alten Olive. Der Hengst wollte stehenbleiben, und Sidi Bouhajja hatte einige Schwierigkeiten gehabt, ihn zum Weitergehen zu bewegen. Ramadi beobachtete den Zwischenfall, strich sich durch den Bart und dachte, wie großartig es doch wäre, wenn der Hengst sich plötzlich mitsamt dem Heiligen auf dem Rücken aufbäumen und die Stute besteigen würde. Aber dann packte ihn plötzlich Scham, und er schaute schnell beiseite.

Am späten Nachmittag des gleichen Tages stieg Ramadi auf seine Stute und ritt nach Tamlat. Dort gewahrte er in einer Ecke des Marktplatzes einen Assaoui-Schlangenbeschwörer aus Izli, den er kannte, und er setzte sich zu ihm, um sich mit ihm zu unterhalten. Da hörte er die Nachricht von Sidi Bouhajjas plötzlichem Tod.

Er setzte sich aufrecht hin. Der Assaoui setzte noch hinzu, daß man in wenigen Minuten den Heiligen auf das Pferd binden würde.

«Was glaubst du – wohin wird es laufen?» fragte Ramadi ihn.

«Wahrscheinlich kommt es hierher und

geht zu den Kornverkäufern», sagte der Assaoui.

«Hast du deine Schlangen bei dir?»

Der Assaoui schaute Ramadi erstaunt an.

«Ja, ich habe sie dabei», sagte er.

«Nimm sie dort drüben zu der Kreuzung und laß den Hengst sie sehen», rief Ramadi ihm zu. «Dann muß er statt dessen den Berg hinunter.»

Er sprang auf, stürzte sich auf sein Pferd und galoppierte davon.

Der Assaoui lief zum *fondouq*, wo er seinen Korb mit Vipern und Kobras abgestellt hatte. Dann eilte er zu der Straßenkreuzung hinauf, wo die Straße auf die Hauptstraße mündete, die den Abhang des Berges hinunterführte.

Da jedermann auf den Beinen war und zuschauen wollte, wie die Älteren Sidi Bouhajjas Leiche auf den Rücken des Hengstes banden, blieb Ramadi auf seiner Stute unbemerkt, als er jetzt die Straße nach Izli hinunterpreschte. Als er bei seinem Haus angekommen war, ließ er die Stute unter dem Olivenbaum stehen und wartete.

Oben in Tamlat saß unterdessen der Assaoui mit seinem Korb am Straßenrand. Nach einer Weile sah er den Hengst näher kommen, das heilige Bündel wippte auf seinem Rücken auf und ab. Er kam genau auf ihn zu, in etwas weiterer Entfernung folgten die Älteren. Er machte seinen Korb auf und holte zwei von den größeren Schlangen heraus. Er hielt eine in jeder Hand und wartete. Als der Hengst schon ziemlich nah herangekommen war, stand er auf, und das Pferd sah, wie die beiden Schlangen sich unter seinem Griff wanden. Der Hengst riß die Augen auf und stürmte nach rechts, die Straße hinunter, die aus dem Dorf hinausführte.

Der Assaoui legte die Schlangen in den Korb zurück und schlenderte aus dem Gebüsch heraus, das ihn vor den Blicken der Älteren geschützt hatte. Sie schenkten ihm keine Beachtung, und er machte sich auf den Weg nach Izli. Weit vor sich konnte er den schwarzen Strich des Hengstes ausmachen, der den Abhang hinunterpreschte. Das weiße Bündel auf seinem Rücken hüpfte im Sonnenlicht auf und ab. Als er eine Weile gegangen war, drehte er sich um und schaute zurück. Die Älteren standen oben an der Wegbiegung, beschatteten ihre Augen mit den Händen und spähten hinunter ins Tal.

Und während Ramadi noch in seinem Hauseingang saß und wartete, stürmte der

Hengst ins Dorf, blieb einen Augenblick reglos stehen und trottete dann geradewegs auf Ramadis Haus zu. Seine Stute stand ruhig unter dem Olivenbaum und peitschte mit dem Schwanz die Fliegen fort. Noch ehe irgend jemand gekommen war, um es mit anzusehen, bäumte der Hengst sich hoch auf, so daß die Gurte, die Sidi Bouhajja auf seinem Rücken hielten, platzten. Der in den weißen Selham eingehüllte Körper fiel in dem Moment zu Boden, als der Hengst die Stute bestieg. Ramadi sprang vorwärts und zerrte ihn aus dem Weg. Dann kehrte er in seinen Hauseingang zurück und schaute den beiden Tieren zu.

Wenig später kamen die Nachbarn herbeigeeilt. Sie trugen Sidi Bouhajjas Leiche auf Ramadis Hof und priesen Allah. Als dann die Männer aus Tamlat in Izli angekommen waren, standen Hengst und Stute friedlich nebeneinander unter dem alten Olivenbaum, während im Inneren von Ramadis Haus die *tolbas* ihre Wehklagen anstimmten.

Die Männer von Tamlat verbargen ihren Kummer und akzeptierten Allahs Willen. Das Pferd war nach Izli gelaufen und hier stehengeblieben, also würde dies der Ort sein, an dem sie Sidi Bouhajja begraben würden.

Sie halfen den Männern von Izli, das Grab auszuheben. Währenddessen machte die Neuigkeit in allen Dörfern der Umgebung die Runde, so daß viele *tolbas* aus anderen Gemeinden herbeieilten, um am Grab zu wehklagen.

Es dauerte nicht lange, und es kamen Scharen von Pilgern in Izli an, die am Grab von Sidi Bouhajja *baraka* finden wollten. Bald war es notwendig, Ramadis Haus abzureißen und an seiner Stelle eine heilige Stätte zu errichten, wo die Pilger auch übernachten konnten. Gleichzeitig bauten die Leute von Izli eine kuppelförmige *qoubba* über die letzte Ruhestätte des Heiligen unter dem Olivenbaum, und schließlich zogen sie eine hohe Mauer drumherum. Ramadi bekam ein anderes Haus in der Nähe.

Da die Pilger anfingen, das Wasser aus der Quelle mitzunehmen, verbreitete sich der Ruhm des Wassers bald im ganzen Land und gewann eine große Bedeutung. Selbst die, die Sidi Bouhajja nicht verehrten, kamen, um davon zu trinken und es mit nach Hause zu nehmen. Als Gegenleistung ließen sie Nahrung und Geld an der heiligen Stätte zurück. Noch ehe ein Jahr vergangen war, galt Izli als wohlhabenderes Dorf als Tamlat.

Nur Ramadi und der Assaoui wußten um die Rolle, die sie dabei gespielt hatten, das Glück herbeizulocken, das schließlich ihr Dorf so sehr verändert hatte, und sie hielten es nicht für wichtig, denn alles kommt von Allah und ist vorherbestimmt. Was Ramadi interessierte, war die Schönheit des schwarzen Füllens, das nun der Stute folgte, wo immer er mit ihr hinritt, egal ob es hinunter in die Ebene oder hinauf zum Markt von Tamlat war.

Tanger
1975

Vergangenheit und Gegenwart

Tanger – wenn ich wirklich in dieses Haus am Aim Cqof ziehen sollte, werde ich keine Kosten scheuen, um mir in der Mitte des Hofes einen Brunnen bauen zu lassen. Das Wasser würde in ein Marmorbecken plätschern und durch die marmornen Rinnen in einen Graben fließen. Fließendes Wasser, so heißt es, verleiht der Seele in der Stunde des Gebets Frieden. Gelegentlich vielleicht sogar zuviel. Ein Beispiel: die bekannte Geschichte von Hadj Allal, der nicht durch eigene Schuld ins Unglück stürzte.

«Als ob er auf eine Mine getreten wäre», erklärte einer der theologischen Studenten. «Nur daß die Mine unsichtbar war und kein Geräusch verursachte, als sie explodierte.

Niemand wußte etwas darüber. Er schaute in den Fluß. Dann kam er plötzlich in die Moschee. Wir alle meinten, er wäre etwa fünf Minuten draußen gewesen. Aber am Ort, wo er gefallen war, waren ungefähr zwei Jahre vergangen. Er hat versucht, es uns zu erklären. Wir brachten ihn nach Hause und sagten seiner Frau, sie solle ihn ins Bett legen und gut zudecken.»

Und da ist die Geschichte von dem *fqih*, der vor ungefähr zweihundert Jahren in der Moschee eines kleinen Dörfchens lehrte. Keine Spur von seinem Leben wäre heute noch erhalten, hätte er nicht dieses unerklärliche psychische Abenteuer erlebt. Der Mann muß über einen der seltenen Risse in der Zeit gestolpert sein, ein Fehler in der Oberfläche der Zeit, wie man so sagt – und fiel hinein.

Von einem anderen *fqih* in Hajra den Nahal wird berichtet, daß er von einer Sekunde auf die andere ausgerutscht und in einen tiefen Schacht der Zeit gefallen ist. Der Unfall passierte, während er sich im Fluß vor der Moschee wusch. Er hockte neben dem fließenden Wasser, als zwei *tolbas* auf ihrem Weg zum Gebet in der Moschee an ihm vorbeikamen. Sie waren in ein Gespräch vertieft. Später erklärte der *fqih*, daß er nur diesen einen Satz gehört hatte: «innerhalb eines Augenblicks ...» Das schien das Signal gewesen zu sein. Alles um ihn herum hörte auf zu existieren, verschwamm vor seinen Augen und ließ ihn in völliger Dunkelheit zurück.

In allen Versionen ist der Eintritt in diese Ebene für die Betroffenen von entscheidender Bedeutung. Die beiden «falschen» Jahre verbrachte der Nahali seinen eigenen Worten nach in Indien, und zwar in einem Zustand, in dem er für andere unsichtbar war. Während dieser Zeit beschäftigte er sich mit nichts anderem, als einem berühmten Goldschmied bei der Arbeit zuzuschauen. Als die Zeit ihn dann wieder ausspuckte und er wie vorher an seinem Fluß bei der Moschee saß, kannte er alle Geheimnisse des indischen Meisters. Er benutzte dieses Wissen von nun an, indem er selber Goldschmied wurde. Sein Ruhm als großer Künstler verbreitete sich in der ganzen islamischen Welt, so daß der indische Goldschmied, als er davon hörte, nicht ruhte noch rastete, bis er Marokko besucht und die Schmuckstücke mit eigenen Augen gesehen hatte. Unklugerweise reiste er mit seiner Frau. Der Höhepunkt und das Tüpfelchen auf dem i für die, die diese Geschichte erzählen, ist der doppelte Triumph des Nahali. Der Inder sah nicht nur seine eigenen Erfindungen von dem Marokkaner verbessert, sondern er verlor auch noch seine Frau an ihn.

Ein anderer unglücklicher *fqih* verbrachte seinen Aufenthalt in der Zeitblase als Frau, kehrte jedoch mit größerer Weisheit in die Welt zurück.

Auch die Legende der Haddadoua und ihrer Vernichtung liefert neues Material zu diesem Thema. Tag für Tag, von morgens bis abends saß ihr Schutzheiliger in einer *nargilah* und rauchte Kif, erzählte man sich. Noch vor sieben oder acht Jahren konnte man seine Schüler neben dem zerfallenen Grab sitzen sehen, die nur dorthin gekommen waren, um zu rauchen. Die ganze Bruderschaft wurde von der Regierung völlig ausgerottet. Manchmal sieht man einen einsamen Mann die Straße entlanggehen; er trägt die zerlumpten Kleider und die wilde Haartracht der Haddadouih, aber da die Sekte nicht länger existiert und, wichtiger noch, kein Hauptquartier mehr besitzt, verdient ein solcher Mann nicht länger den Respekt, den man einem Mitglied des Ordens normalerweise zollt, und so rutscht er für die meisten

Bürger in die Kategorie der ganz normalen Spinner.

In den Augen der Regierung jedoch war die Haddadoua überhaupt keine religiöse Sekte, sondern eine Bande von organisierten Banditen, die man nur mit Waffengewalt einschüchtern konnte. Abgesehen von ihrer geheimnisvollen Macht über Ziegen, die es ihnen ermöglichte, einen großangelegten Raubzug dieser Tiere im gesamten nördlichen Teil des Landes durchzuführen, und ihrer Angewohnheit, ihre Mitmenschen mit magischen Flüchen zu bedrohen, um – besonders von der Landbevölkerung – Geld zu erpressen, schien es keinen triftigen Grund für ihre Verfolgung und Vernichtung zu geben. Vielleicht war es die Legende von der Festung, die sie errichtet hatten, in deren Kellern sie angeblich viele Frauen gefangen hielten. Sie behaupteten, daß die Frauen aus freiem Willen zu ihnen gekommen waren und darum gebeten hatten, als Schülerinnen bei ihnen aufgenommen zu werden. Ob das nun der Wahrheit entsprach oder nicht, sobald die Frauen bei ihren Ritualen zugegen gewesen waren, konnten sie es ihnen nicht mehr erlauben, das Gebäude zu verlassen, und schlossen sie deshalb in die Keller ein, wo sie den häuslichen Pflichten nachgingen.[1]

Die Haddadoua legten sehr viel Wert auf ihre Nahrung. Jede Mahlzeit war ein Bankett. Vielleicht war die Bedeutung, die man dem Essen beimaß, eine Folge der großen Mengen von Cannabis, die die Männer jeden Tag zu sich nahmen. Ein riesiger Viehbestand im ganzen Land sorgte im übrigen dafür, daß sie immer genug auf dem Tisch hatten. Ein Haddadouih konnte allein in die Landschaft hinausgehen und innerhalb von wenigen Tagen mit Hunderten von Ziegen zurückkehren, die ihm im Gänsemarsch folgten. Das allein war schon genug, um die Herzen der Bauern mit Angst und Schrecken zu erfüllen. Niemand scheint Genaueres darüber zu wissen, wie sie den Tieren ihren Willen aufzwangen, aber es besteht Übereinstimmung dahingehend, daß es eine besondere Kunst erforderte, die man sich nur mit viel Zeit und Geduld aneignen konnte. Wenn man bedenkt, daß sie die Technik erlernten,

1 Das ist die Legende. Eine erst kürzlich vorgenommene Untersuchung der besagten Stelle bewies mir jedoch, daß es unter keinem Flügel des ehemals heiligen Ortes Keller gegeben hat.

indem sie sich zu den Tieren legten und nachts, wenn sie schliefen, zu ihnen sprachen, scheint es gar nicht so unwahrscheinlich. Der Haddadouih, der vor vierzig Jahren im Staub von Marrakesch lag, verwandelte sich in eine Ziege, während ich zuschaute. Ich sah einen menschlichen Körper mit dem Geist einer Ziege vor mir, so, als ob die Ziege in der Lage gewesen wäre, äußerlich die Form eines Menschen anzunehmen und doch unverwechselbar eine Ziege blieb. Was auch immer es war, über das sie auf dem Weg zu ihrem esoterischen Wissen stolperten, sicherlich ist ihr eigener Ruin auf den Mißbrauch dieser Techniken zurückzuführen.

Für die Leute, die auf dem Land leben, ist der *djinn* auch heute noch ein selbstverständlicher, wenn auch gefürchteter Bestandteil ihres Lebens. Es geht den Marokkanern nicht darum, sie zu beschwören und um Hilfe zu bitten, sondern ausschließlich darum, ihnen möglichst aus dem Weg zu gehen. Sie leben nur ein paar Meter unter uns, in einer exakten Imitation der Landschaftsoberfläche der Erde. Jeder Baum und Fels, jedes Haus hat ein identisches Gegenstück auf der Erde. Der einzige Unterschied liegt darin, daß ihr Himmel aus Erde statt aus Luft besteht und es deshalb stockfinster ist. Aber da die Unterwelt eine exakte Reproduktion der oberen Welt ist, sind die *djenoun* für das Leben dort unten perfekt ausgerüstet und ziehen es auch in der Tat dem in unserer Welt vor. Schwierigkeiten gibt es erst, wenn sie tierische oder menschliche Form annehmen und bei uns auftauchen, denn sie sind unsere traditionellen Feinde, ein fremder Stamm, immer auf der Lauer nach einer Gelegenheit, unsere Dörfer zu infiltrieren, und das passiert schon dann, wenn sie einfach nur Kontakt zu uns aufnehmen.

Wenn sich ein *djinn* einem bestimmten Menschen gezeigt hat, wird sich sein Leben radikal verändern. Wir können immer dann seinen Einfluß oder seine Gegenwart erkennen, wenn die Dinge nicht so laufen, wie sie sollten, immer dann, wenn in einer bestimmten Situation ein unerklärliches oder verdächtiges Element auftaucht, kurz, wenn wir mit etwas konfrontiert werden, was wir nicht verstehen. Das ist die erste Warnung. Und dann müssen wir Ausschau nach dem *djinn* halten – früher oder später stoßen wir auf ihn und erkennen ihn auch, egal in welcher Form er uns begegnet. Was dann nur zählt, ist die Reaktion und die Art, wie man mit ihm umgeht. Wenn man den Kampf mit einem *djinn* verliert, kann man mit jahrelangem Ärger, mit Krankheit, ja sogar mit dem Tod rechnen.

Vor allem sollte man sich davor hüten, sich gefühlsmäßig mit einem *djinn* oder einer *djinniya* einzulassen. Rassenmischung ist zwar nicht selten, aber sie wird im allgemeinen erst entdeckt, wenn einer der beiden Partner den anderen getötet hat. «Ich habe sie monatelang beobachtet, bis ich dahinterkam, daß sie nie etwas aß, was Salz enthielt. Da wußte ich, daß sie keine richtige Frau war.»

Begreiflicherweise kann sich die offene Stelle in der Grenze zwischen den beiden Welten überall befinden, meistens liegt sie jedoch in Höhlen und unter Wasser, besonders unter fließendem Wasser. Wenn dein Reiseweg über einen Fluß führt, dann achte darauf, daß du immer irgendeinen Gegenstand aus Stahl (oder wenigstens Eisen) zur Hand hast. Stadtmenschen behaupten ja oft, daß es gar keine *djenoun* gibt, oder nicht mehr gibt, wenigstens nicht in der Stadt. Auf dem Land aber, wo das Leben immer noch genau in den gleichen Bahnen verläuft wie seit Jahrhunderten, und wo es nicht so viele Autos und andere Dinge gibt, die Eisen enthalten, ist es wahrscheinlich, daß *djenoun* auch heute noch existieren – das müssen selbst die Leute aus der Stadt zugeben. Aber dann fügen sie meistens schnell hinzu, daß die Autos sie am Ende alle vertreiben werden, denn sie können gegen Stahl oder Eisen einfach nichts ausrichten. Dann wird man sie nur noch in den Bergen oder in den abgelegenen Teilen der Wüste fürchten müssen.

Trotz dieser rationalen Beruhigungsversuche richten die *djenoun* gelegentlich auch mitten in der Stadt ihre Verwüstungen an. Dann tauchen sie urplötzlich aus Abflußrohren auf und fallen Hausfrauen an. Aus diesem Grund hüten sich auch heute noch viele Frauen davor, heißes Wasser in den Ausguß zu gießen, mit anderen Worten, sie spülen ihr Geschirr mit kaltem Wasser, damit sie nicht aus Versehen einen möglichen Bewohner des Abflußrohres verletzen. Man weiß, daß die *djenoun* in solchen Fällen extrem rachsüchtig sein können und es den Übeltätern meistens mit einer Lähmung heimzahlen.

Wenn man in die Vororte der Stadt kommt, dort, wo die Felder anfangen und die Schafe weiden, und dort unter bestimmten Bäumen ein Loch gräbt, wird man nicht selten auf ein Messer stoßen. Ein paar Meter weiter stößt man vielleicht auf ein zweites. Man findet sie zu Dutzenden, und alle sind in einen Fetzen Papier eingewickelte Klappmesser. Selbst wenn einer hinginge und jedes Messer, das er findet, aufklappt und damit jedesmal einen Mann vom Fluch einer gottlosen Frau erlöst – er würde wohl kaum seine ganze Zeit damit verbringen wollen, Gutes für eine ganze Schar von Männern zu tun, die er noch nie gesehen hat und wohl auch nie kennenlernen wird. Eigentlich gibt es keinen Grund, loszugehen und nach vergrabenen Messern zu suchen, es sei denn, man vermutet, daß man selber Opfer eines solchen Messerfluches geworden ist. In diesem Fall überlegt man sich, welche Frau es vermutlich war und wo sie wohl hingegangen sein könnte, geht dann selber los und fängt an, aufs Geratewohl zu graben.

Manchmal stößt man dabei auf andere grabende Männer, die beschämt zur Seite schauen, wenn sie einen bemerken, und schnell so tun, als höben sie etwas vom Boden auf, was ihnen heruntergefallen war. Oft stehen sie auf, zucken die Achseln und gehen weg. Aber wenn man in einiger Entfernung wartet, kommen sie verstohlen zurück und fangen wieder an zu graben. Wo bleibt die Gerechtigkeit in einer Welt, in der eine Frau einem Mann mit einem simplen Klappmesser so viel Kummer machen kann?

«Schon zweimal habe ich ein zusammengeklapptes Messer am Fuß der Klippe, im Meer vergraben gefunden. Die Frauen, die so etwas tun, sind noch schlimmer als die, die sie im Boden vergraben; sie sind entschlossen, einen langen Weg zu machen, um das Leben der Männer, die sie hassen, zu ruinieren. Und die Chance, daß ein solches Messer gefunden und geöffnet wird, ist nicht sehr groß. Selbst wenn das Papier, auf das der Fluch geschrieben war, sich im Wasser auflöst, kann der Mann seines Lebens nicht mehr froh werden, bis die Klinge geöffnet wird. Denn das Schließen der Klinge auf dem Fluch macht den Mann unfähig, hart zu werden. Wenn ich je einer Frau begegne, die dabei ist, ein Messer zu begraben, kommt sie nie wieder heil nach Hause zurück.»

Tanger
1975

Allal

Er wurde in dem Hotel geboren, in dem seine Mutter arbeitete. Das Hotel hatte nur drei düstere Zimmer und einen Hof hinter der Bar. Weiter hinten lag noch ein kleinerer Patio mit mehreren Türen. Hier wohnten die Dienstboten, und hier verbrachte Allal seine Kindheit.

Der Besitzer des Hotels, ein Grieche, hatte Allals Mutter davongejagt. Er war empört, daß sie, ein Mädchen von vierzehn Jahren, es gewagt hatte, in seinem Haus ein Kind in die Welt zu setzen. Obendrein weigerte sie sich, den Namen des Vaters zu verraten, und es wurmte ihn, daß er nicht selber auf die Idee gekommen war, die Situation auszunutzen, solange sich die Chance bot. Er drückte

Allals Mutter ihren Lohn für die nächsten drei Monate in die Hand und schickte sie zurück nach Marrakesch. Aber der Koch und seine Frau hatten das Mädchen ins Herz geschlossen und boten ihm an, es eine Weile bei sich aufzunehmen, und so willigte der Grieche ein und erlaubte, daß die Mutter so lange bei ihnen blieb, bis ihr Baby groß genug war, um es mit zurück nach Marrakesch zu nehmen. Ein paar Monate verbrachte sie mit dem Koch und seiner Frau in dem hinteren Patio, dann verschwand sie eines Tages und ließ ihr Kind zurück. Keiner hat je wieder etwas von ihr gehört.

Kaum war Allal alt genug, um Lasten zu tragen, gaben sie ihm Arbeit. Es dauerte nicht lange, da schleppte er schon ganz allein einen Kübel Wasser vom Brunnen hinter dem Hotel herbei. Der Koch und seine Frau hatten keine Kinder, und so spielte er allein.

Als er älter wurde, begann er die verlassene Hochebene draußen zu erforschen. Dort oben gab es nichts außer den Militärbarakken, die von einer hohen, unüberwindlichen Mauer aus roten Backsteinen umgeben waren. Alles andere lag unten im Tal: die Stadt, die Gärten und der Fluß, der zwischen Tausenden von Palmen hindurch südwärts schlängelte. Hier konnte er hoch oben auf einem Felsen sitzen und hinunterschauen auf die Leute, die durch die Gassen der Stadt liefen. Erst viel später kam er in die Stadt hinab und lernte ihre Einwohner kennen. Sie nannten ihn einen Sohn der Sünde, weil seine Mutter ihn ausgesetzt hatte, und sie lachten hämisch, wenn sie ihn sahen. Ihm kam es vor, als hofften sie, ihn auf diese Weise zu einem Schatten zu machen, damit sie ihn nicht als ein Wesen aus Fleisch und Blut akzeptieren mußten. Mit Schrecken sah er der Zeit entgegen, wo er jeden Morgen in die Stadt gehen mußte, um dort zu arbeiten. Momentan half er noch in der Küche aus oder bediente die Offiziere aus den Baracken und die paar Fremden, die durch die Gegend kamen. Im Restaurant bekam er kleine Trinkgelder, dazu gewährte ihm der Grieche freie Kost und Logis in einer der Zellen im Gesindequartier, jedoch keinen Lohn für seine Arbeit. Schließlich kam er in das Alter, wo ihm seine Situation entwürdigend erschien, und so beschloß er eines Tages, in die Stadt hinunterzugehen und zu arbeiten. Zusammen mit anderen Jungs in seinem Alter half er bei der Herstellung der Lehmziegel, aus denen die Leute hier ihre Häuser bauten.

Das Leben in der Stadt war genauso, wie er es sich vorgestellt hatte. Zwei Jahre lang wohnte er in einem Zimmer hinter einer Schmiede, lebte zurückgezogen und ohne Scherereien und sparte alles Geld, was er nicht unmittelbar zum Leben brauchte. Er dachte nicht daran, sich in dieser Zeit Freunde zu suchen; ganz im Gegenteil entwickelte er einen tiefen Haß auf die Leute in der Stadt, denn sie ließen ihn niemals vergessen, daß er ein Sohn der Sünde war, nicht einer wie die anderen, sondern *meskhot* – verflucht. Eines Tages fand er ein kleines Haus, kaum mehr als eine Hütte, zwischen den Palmenhainen vor der Stadt. Die Miete war niedrig, und kein Mensch wohnte in der Umgebung. Dort, wo der Wind in den Bäumen spielte, lebte er nun und vermied allen Kontakt mit den Leuten aus der Stadt, so gut er konnte.

An einem heißen Sommerabend kurz nach Sonnenuntergang schlenderte er unter den Arkaden entlang, die den Marktplatz der Stadt säumten. Ein paar Meter vor ihm ging ein alter Mann mit einem weißen Turban und versuchte, einen schweren Sack von der einen auf die andere Schulter zu wuchten. Plötzlich fiel der Sack auf die Erde, und Allal traute seinen Augen nicht, als zwei dunkle Schatten herausglitten und im Zwielicht verschwanden. Der alte Mann warf sich auf seinen Sack, band ihn zu und schrie dabei: «Paßt auf die Schlangen auf! Helft mir meine Schlangen suchen!»

Viele Leute machten auf dem Absatz kehrt und liefen eilig denselben Weg zurück, den sie gekommen waren. Andere blieben in sicherer Entfernung stehen und gafften. Ein paar riefen dem Alten zu: «Mach bloß, daß du deine Schlangen wiederfindest und hier fortkommst! Was hast du hier zu suchen? Wir wollen keine Schlangen in unserer Stadt!»

Der alte Mann hüpfte aufgeregt von einem Fuß auf den anderen und sagte dann zu Allal: «Paß einen Augenblick hier auf, mein Sohn!» Dabei deutete er auf den Sack, der vor ihm auf der Straße lag. Er nahm einen Korb, den er mitgebracht hatte, und bog hastig um die Ecke in eine kleine Gasse. Allal blieb, wo er war. Niemand ging an ihm vorbei.

Nicht lange darauf kam der alte Mann keuchend und triumphierend zurück. Als die Neugierigen ihn wieder auf dem Marktplatz sahen, fingen sie an zu schreien und zu rufen.

Diesmal meinten sie Allal: «Zeig diesem *berrani* den Weg aus der Stadt! Wie kann er es wagen, uns dieses Viehzeug hier reinzuschleppen! Raus hier! Raus!»

Allal nahm den schweren Sack auf und sagte zu dem alten Mann: «Komm mit.»

Sie ließen den Marktplatz hinter sich und liefen durch die Gassen, bis sie am Rande der Stadt angekommen waren. Der alte Mann schaute auf und sah, wie sich die Palmen vor dem blassen Abendhimmel neigten. Er blickte auf den Jungen neben sich. «Komm», sagte Allal nur und wandte sich nach links, den ebenen Pfad entlang, der zu seinem Haus führte. Der alte Mann blieb verwundert stehen.

«Du kannst heute nacht bei mir bleiben», erklärte Allal.

«Und die hier?» fragte der Alte und deutete zuerst auf den Sack und dann auf den Korb. «Sie müssen immer in meiner Nähe sein.» Allal grinste.

«Die können mitkommen.»

Als sie im Haus saßen, schaute Allal auf den Sack und den Korb.

«Ich bin nicht wie die anderen dort draußen», sagte er.

Es tat ihm gut, diese Worte auszusprechen. Er machte eine verächtliche Handbewegung.

«Haben Angst, über den Marktplatz zu gehen, bloß weil da eine Schlange ist. Aber du hast sie ja selber gesehen.»

Der alte Mann kratzte sich am Kinn.

«Schlangen sind wie Menschen», sagte er. «Du mußt sie kennenlernen. Dann kannst du ihr Freund werden.»

Allal dachte eine Weile nach und fragte dann: «Läßt du sie ab und zu mal raus?»

«Natürlich, oft», sagte der alte Mann eifrig. «Das ist nicht gut für sie, wenn sie eingesperrt sind, so wie jetzt. Sie müssen gesund sein, wenn wir nach Taroudant kommen, sonst wird sie mir der Händler dort nicht abkaufen.»

Er fing an, Allal eine lange Geschichte über sein Leben als Schlangenfänger zu erzählen. Er beschrieb ihm, wie er jedes Jahr einmal nach Taroudant fuhr, um dort einen Händler zu besuchen, der ihm seine Schlangen für die Assaoua Schlangenbeschwörer in Marrakesch abkaufte. Allal kochte Tee und hörte zu, dann brachte er dem Alten eine Schale mit Kifpaste, um sie zum Tee zu essen. Später, als sie sich in einer Wolke von Pfeifenrauch bequem zurückgelegt hatten, lachte der alte Mann leise in sich hinein. Allal wandte den Kopf und sah ihn an.

«Soll ich sie rauslassen?»

«Klar!»

«Aber du mußt ganz still sitzen bleiben und darfst nicht sprechen. Rück die Lampe ein Stückchen näher.»

Er schnürte den Sack auf, schüttelte ihn ein bißchen und kehrte auf seinen Platz zurück. Dann beobachtete Allal schweigend, wie die langen Körper vorsichtig herausglitten ins Licht. Außer den Kobras gab es noch andere, deren Haut so fein und exakt gezeichnet war, daß man glauben konnte, ein Künstler habe sich diese Muster ausgedacht und aufgemalt. Eine rötlichgoldene Schlange gefiel ihm ganz besonders. Sie hatte sich mitten auf dem Fußboden zusammengerollt und lag jetzt träge da. Als er sie anstarrte, spürte er ein starkes Verlangen, sie zu besitzen und immer bei sich zu haben. Der alte Mann erzählte.

«Ich habe mein ganzes Leben lang mit Schlangen zu tun gehabt», sagte er. «Ich könnte dir einiges über sie erzählen. Wußtest du beispielsweise, daß du mit ihnen machen kannst, was du willst, ohne auch nur ein Wort zu sagen? Du brauchst ihnen bloß *majoun* zu geben, ich schwör's bei Allah!»

Ein Anflug von Zweifel huschte über Allals Gesicht. Er zweifelte nicht daran, daß der

Alte die Wahrheit sagte, eher daran, ob er sein Wissen auch in die Tat umsetzen konnte. In diesem Moment kam ihm zum erstenmal die Idee, sich die Schlange unter den Nagel zu reißen. Er dachte bei sich, was auch immer nun zu tun sei – er mußte sich damit beeilen, denn am nächsten Morgen wollte der Alte aufbrechen.

Plötzlich war er voller Ungeduld.

«Tu sie wieder weg, damit ich uns ein Abendessen kochen kann», flüsterte er. Er saß da und bewunderte die Leichtigkeit, mit der der alte Mann jede einzelne am Kopf aufhob und wieder in den Sack steckte. Und wieder sperrte er zwei von den Schlangen in den Korb, und eine von ihnen, bemerkte Allal, war die rote. Er meinte sogar, den Glanz ihrer Schuppen durch den Korbdeckel hindurch schimmern zu sehen.

Als er anfing, das Essen zu bereiten, bemühte sich Allal, an andere Dinge zu denken. Aber als sich die Schlange trotz alledem nicht aus seinen Gedanken verbannen ließ, überlegte er sich, wie er sie am besten dem Alten wegnehmen konnte. Während er in der Ecke vor dem Feuer hockte, verrührte er ein wenig Kifpaste in einer Schale mit Milch und stellte sie beiseite.

Der alte Mann war immer noch am Erzählen.

«Wir hatten wirklich Glück, daß wir die beiden Schlangen so schnell gefunden haben, und das mitten in der Stadt. Man weiß nie, was Menschen plötzlich in den Sinn kommt, wenn sie mitkriegen, daß du Schlangen transportierst. Einmal in El Keela, da haben sie mir alle abgenommen und totgeschlagen, eine nach der anderen, vor meinen Augen. Ein ganzes Jahr Arbeit. Ich mußte nach Hause zurückkehren und wieder von vorne anfangen.»

Beim Essen bemerkte Allal, daß sein Gast allmählich schläfrig wurde. «Wie soll ich es bloß anstellen?» fragte er sich. Jedenfalls war es unmöglich, im voraus zu entscheiden, was zu tun war. Und die Aussicht, die Schlange zu berühren, machte ihm angst. «Sie könnte mich umbringen», dachte er.

Als sie die Mahlzeit beendet, ihren Tee getrunken und ein paar Pfeifen Kif geraucht hatten, legte sich der alte Mann auf die Erde, um zu schlafen. Allal sprang auf.

«Hier drin!» erklärte er und führte ihn zu seiner eigenen Matte, die in einer kleinen Nische lag. Der alte Mann legte sich hin und war im Handumdrehen eingeschlafen.

In der nächsten halben Stunde schlich sich Allal mehrere Male zu der Nische und spähte hinein, aber der Alte mit seinem Burnus und seinem Turban lag noch genauso reglos da wie zuvor.

Er holte seine Decke, verknotete sie an drei Zipfeln miteinander und breitete sie auf dem Fußboden aus, daß das vierte Ende genau vor dem Korb zu liegen kam. Dann stellte er die Schale mit Kifpaste und Milch in die Mitte des Lakens. Als er den Riemen am Korbdeckel lockerte, hörte er den Alten husten. Allal blieb reglos stehen und wartete darauf, daß die heisere Stimme etwas sagte. Eine leichte Brise war aufgekommen; draußen rieben sich die Palmwedel aneinander, aber in der Nische blieb alles still. Er kroch zum anderen Ende des Zimmers, hockte sich gegen die Wand und starrte gebannt auf den Korb.

Ein paarmal hatte er den Eindruck, daß der Korbdeckel sich leicht bewegte, und jedesmal glaubte er, er habe sich geirrt. Plötzlich stockte ihm der Atem. Im Schatten des Korbes bewegte sich etwas. Eine der Schlangen war am jenseitigen Ende herausgeschlüpft. Sie wartete eine Weile, ehe sie sich weiter ins Licht vorwagte, aber als sie es endlich tat, hauchte Allal ein Dankgebet. Es war die rötlich goldene.

Nach einiger Zeit beschloß sie, die Schale auszukundschaften. Erst machte sie eine Runde um den Rand und schaute von allen Seiten hinein, ehe sie schließlich den Kopf senkte und von der Milch trank. Allal schaute ihr zu und befürchtete, daß der ungewohnte Geschmack des Kif sie irritieren würde. Doch die Schlange rührte sich nicht vom Fleck.

Er wartete eine halbe Stunde, vielleicht sogar länger. Die Schlange blieb, wo sie war, mit dem Kopf in der Schale. Von Zeit zu Zeit warf Allal einen Blick in den Korb, um sich zu vergewissern, daß die zweite Schlange noch drin war. Der leichte Wind draußen hielt an und rieb die Palmwedel gegeneinander. Jetzt war der richtige Augenblick gekommen — er stand langsam auf, und während er den Korb im Auge behielt, in dem offensichtlich noch die zweite Schlange lag, nahm er vorsichtig die drei zusammengeknoteten Enden des Lakens in die Hand. Dann hob er den vierten Zipfel hoch, wobei Schlange und Schale in die Mitte des improvisierten Sackes rutschten. Die Schlange bewegte sich leicht, aber er hatte nicht den Eindruck, daß sie böse war. Er wußte haargenau, wo er sie verstecken mußte: zwischen ein paar Felsblöcken im ausgetrockneten Flußbett.

Das Laken vor sich her tragend, öffnete er die Tür und trat hinaus unter die Sterne. Er ging nicht weit die Straße hinauf, bis zu einer Gruppe hoher Palmen und dann nach links in das *oued* hinein. Zwischen den Felsen wußte er eine kleine Mulde, wo sein Bündel gut aufgehoben war. Er schob es vorsichtig hinein und lief dann eilig zu seiner Hütte zurück. Der alte Mann schlief.

Er war sich nicht ganz sicher, ob die andere Schlange noch in ihrem Korb war, deshalb nahm Allal seinen Burnus und ging nach draußen. Er schloß leise die Tür hinter sich und legte sich zum Schlafen auf die Erde.

Noch vor Sonnenaufgang war der Alte wach und lag hustend in seiner Nische. Allal sprang auf, ging ins Haus und machte Feuer im *mijmah*. Eine Minute später hörte er ihn schreien:

«Sie sind schon wieder weg! Aus dem Korb verschwunden! Bleib, wo du bist, ich suche sie!»

Kurze Zeit später kam er zufrieden grunzend wieder an.

«Ich hab die Schwarze!» rief er. Allal blickte nicht auf. Er hockte in seiner Ecke vor der Feuerstelle. Der Alte kam mit der Kobra in der Hand zu ihm herüber. «Jetzt muß ich bloß noch die andere finden!»

Er verstaute die Schlange und setzte seine Suche fort. Als das Feuer prasselte, drehte Allal sich um und fragte:

«Soll ich dir beim Suchen helfen?»

«Nein, nein! Bleib, wo du bist.»

Allal kochte Wasser und machte Tee. Die ganze Zeit kroch der Alte auf allen vieren durch die Hütte, drehte Kisten um und schob Säcke beiseite. Sein Turban war ihm halb heruntergerutscht, und Schweiß rann ihm übers Gesicht.

«Komm und trink deinen Tee», sagte Allal.

Zuerst schien es, als habe der alte Mann ihn gar nicht gehört. Dann stand er auf und ging hinüber zu der Nische, wo er sich den Turban neu um den Kopf wickelte. Schließlich war er fertig und setzte sich mit Allal zum Frühstück.

«Schlangen sind äußerst kluge Tiere», sagte der Alte. «Sie verstecken sich an Plätzen, die es gar nicht gibt. Ich habe jeden Winkel in diesem Haus durchsucht.»

Als sie mit dem Frühstück fertig waren, gingen sie hinaus und suchten in den dichten Palmenhainen vor Allals Haus nach der Schlange. Am Ende mußte der alte Mann sich damit abfinden, daß sie verschwunden war, und traurig ging er zurück ins Haus.

«Es war eine gute Schlange», sagte er nach einer Weile. «Aber jetzt muß ich endlich nach Taroudant aufbrechen.»

Sie verabschiedeten sich, und der Alte nahm seinen Sack und seinen Korb und machte sich auf den Weg zur Landstraße.

Den ganzen Tag über dachte Allal während der Arbeit an die Schlange, aber erst bei Sonnenuntergang konnte er hinunterlaufen zu den Felsblöcken im *oued* und das Laken herausziehen. Als er sein Bündel zum Haus zurückschleppte, schlug ihm vor Aufregung das Herz bis zum Hals.

Ehe er das Bündel aufschnürte, füllte er wieder eine Schale mit Milch und Kifpaste und stellte sie auf die Erde. Drei Löffel Paste aß er selber, lehnte sich zurück und paßte auf, was geschah. Mit den Fingerspitzen trommelte er leicht auf die Holzplatte des niedrigen Teetischs. Alles verlief genauso, wie er gehofft hatte. Die Schlange glitt langsam aus dem Laken heraus, fand sofort die

Schale und trank von der Milch. Solange sie trank, trommelte Allal weiter; doch als sie fertig war und den Kopf hob, um ihn anzuschauen, hörte er auf damit, und sie kroch zu ihrem Lager zurück. Später an diesem Abend stellte er ihr wiederum eine Schale Milch hin, und wieder trommelte er auf den Teetisch. Zuerst erschien der Kopf der Schlange, und nach einer Weile kam sie ganz hervor. Das Ritual verlief genauso wie zuvor.

In dieser und den folgenden Nächten setzte sich Allal zu der Schlange und begann mit unendlicher Geduld, Freundschaft mit ihr zu schließen. Kein einziges Mal versuchte er, sie zu berühren, aber bald hatte er sie soweit, daß er sie zu sich rufen und bei sich behalten konnte, solange er wollte. Er trommelte einfach leise auf den Tisch und schickte sie nach Belieben wieder fort. Etwa eine Woche lang machte er es mit der Kifpaste, dann versuchte er es ohne. Der Erfolg blieb der gleiche. Jetzt fütterte er sie nur noch mit Milch und Eiern.

Eines Abends, als seine Freundin träge zusammengerollt vor ihm lag, mußte er plötzlich an den alten Mann denken, und er kam auf eine Idee, die alle anderen Gedanken aus seinem Kopf verscheuchte. Seit ein paar Wochen hatte er keine Kifpaste mehr im Haus gehabt, und er beschloß, *majoun* zu machen. Am nächsten Tag besorgte er die Zutaten, und nach der Abendmahlzeit machte er sich an die Zubereitung der Paste. Als sie fertig war, verrührte er eine gute Portion mit etwas Milch und stellte die Schale für seine Schlange auf die Erde. Er selber aß vier Löffel voll, die er mit Tee hinunterspülte.

Dann zog er sich hastig aus, schob den Tisch so, daß er ihn bequem erreichen konnte, und streckte sich in der Nähe der Tür nackt auf einer Matte aus. Diesmal trommelten seine Fingerspitzen immer weiter, auch als die Schlange längst die Milch ausgetrunken hatte. Sie lag ganz still und beobachtete ihn, als zweifle sie, daß das vertraute Trommeln von dem braunen Körper kam. Als er merkte, daß sie nach einer langen Zeit immer noch unbeweglich liegenblieb und ihn mit ihren starren gelben Augen fixierte, begann er, das gleiche Wort immer und immer wieder zu wiederholen: «Komm.» Er wußte, sie konnte seine Stimme nicht hören; doch hoffte er, daß sie auf die Gedankenimpulse reagierte, mit denen er sie zu sich rief. «Du kannst sie dazu bringen, zu tun, was du willst, ohne ein Wort zu sagen», hatte ihm der alte Mann erzählt.

Obgleich die Schlange sich nicht vom Fleck rührte, fuhr Allal fort, seinen Befehl immer wieder von neuem zu wiederholen, denn mittlerweile war er sicher, daß sie kommen würde. Und nachdem er lange Zeit gewartet hatte, senkte sie plötzlich ihren Kopf und schlängelte sich auf ihn zu. Sie erreichte seine Hüfte und glitt an seinem Bein entlang. Dann kroch sie ihm das Bein hoch und blieb eine Zeitlang auf seiner Brust liegen. Ihr Körper war schwer und lauwarm, ihr Schuppenpanzer wunderbar glatt. Nach einer Weile rollte sie sich in der Mulde zwischen seinem Kopf und der Schulter zusammen.

Mittlerweile hatte der Kif Allals Sinne berauscht. In reinster Verzückung lag er da, spürte den Kopf der Schlange an seinem eigenen und hörte auf zu denken. Das Gefühl, mit der Schlange eins zu sein, beherrschte ihn vollkommen. Die Muster, die hinter seinen Augenlidern auftauchten und miteinander verschmolzen, schienen identisch mit denen auf dem Rücken der Schlange. Ab und zu wirbelten sie in einer rasenden, überwältigenden Bewegung empor und zersplitterten in Fragmenten, aus denen sich ein großes gelbes Auge formte, in der Mitte der schmale Schlitz einer vertikalen Pupille, die mit seinem eigenen Herzschlag pulsierte. Das Auge wich zurück hinter Schichten von Schatten und Sonnenlicht, nur die Schuppenmuster blieben, die mit erneuter Vehemenz verschmolzen und wieder auseinandertrieben. Schließlich tauchte wieder das Auge auf und war so groß, daß es sein ganzes Blickfeld beherrschte, und die Pupille dehnte und dehnte sich, bis der Spalt groß genug war, um ihn durchzulassen. Er starrte hinein in die schwarze Öffnung und spürte, wie er langsam darauf zutrieb. Er streckte die Hand aus und berührte die glatte Oberfläche des Auges zu beiden Seiten der Pupille. Im selben Moment fühlte er den Sog, der aus ihren Augen zu kommen schien. Er schlüpfte hindurch und wurde von der Dunkelheit verschluckt.

Beim Aufwachen hatte Allal das Gefühl, als sei er von weit her zurückgekehrt. Er öffnete die Augen und sah, dicht vor sich, etwas, das wie die Flanke eines enormen Tieres aussah und mit rauhen, stoppeligen Haaren überzogen war. Die Luft schien in regelmäßigen Abständen zu vibrieren, wie ferner Donner, der über den Horizont des Himmels rollt. Er seufzte, oder besser, er glaubte zu seufzen, denn kein Laut kam über seine Lippen. Dann bewegte er seinen Kopf ein wenig, um zu sehen, was sich hinter der Masse von Haaren da neben ihm verbarg. Als nächstes erblickte er ein Ohr und wußte, daß er seinen eigenen Kopf vor sich hatte. Das hatte er nicht erwartet – er hatte nur gehofft, daß seine Freundin zu ihm kommen und seinen Traum mit ihm teilen würde. Trotzdem fand er es nicht befremdend; er sagte sich, daß er eben durch die Augen der Schlange sah anstatt durch seine eigenen.

Jetzt verstand er auch, weshalb die Schlange so vorsichtig war: nun würde der Junge eine monströse Kreatur sein, mit all diesen Borsten auf seinem Kopf und dem Atem, der wie ein ferner Sturm in seinem Körper bebte.

Er rollte sich auf und glitt über den Fußboden zu der Nische. In der Lehmwand gab es einen Spalt, der breit genug war, um ihn hindurchzulassen. Als er sich hinausgezwängt hatte, streckte er sich im kristallenen Mondlicht aus und starrte auf die fremdartige Landschaft, in der die Schatten keine Schatten mehr waren.

Er kroch an der Hauswand entlang, bis er zur Straße kam, die in die Stadt führte. Ein Gefühl der Freiheit erfüllte ihn, wie er es nie zuvor gekannt hatte. Seinen Körper spürte er kaum noch, fühlte sich völlig schwerelos in seiner Schuppenhaut. Wie schön war es, mit langgestrecktem Bauch über die Erde zu streichen, als er die stille Straße entlangkroch und das scharfe Aroma der Wermutbäume in der Nase spürte. Die Stimme des Muezzin, die sich eben von der Moschee her über die Landschaft erhob, konnte er nicht hören, noch konnte er wissen, daß binnen einer Stunde ein neuer Tag heraufgedämmert war.

Als er in einiger Entfernung einen Mann erblickte, verließ er die Straße und versteckte sich hinter einem Felsen, bis die Gefahr vorbei war. Doch als er sich der Stadt näherte, tauchten immer mehr Leute auf, so daß er sich in den *seguia*, den tiefen Graben neben der Straße, verzog. Hier behinderten die Steine und vertrockneten Pflanzenreste sein Vorwärtskommen. Als der Morgen heraufdämmerte, kämpfte er sich noch immer am Grund des *seguia* voran, ringelte sich um Felsblöcke und kroch durch das Gewirr umgeknickter Grashalme.

Das erste blasse Licht des neuen Tages machte ihn verwirrt und unglücklich. Er kletterte die Böschung des *seguia* hinauf und hob den Kopf, um die Straße zu überblicken. Ein vorbeigehender Mann sah ihn, blieb wie angewurzelt stehen, drehte sich dann abrupt um und rannte davon. Allal wartete nicht lange – er wollte jetzt nur noch nach Hause, und zwar so schnell es ging.

Plötzlich spürte er, wie hinter ihm ein Stein auf dem Boden aufschlug. Sofort warf er sich über den Rand des *seguia* und rollte sich krümmend die Böschung hinunter. Er kannte das Terrain: dort, wo die Straße den *oued* kreuzte, gab es zwei Kanalrohre, die nicht weit voneinander lagen. In einiger Entfernung vor ihm stand ein Mann mit einer Schaufel in der Hand und beobachtete argwöhnisch den *seguia*. Allal beeilte sich; er wußte, daß er den ersten Kanal erreichen konnte, ehe der Mann ihn erwischen würde.

Der Boden des Tunnels, der unter der Straße hindurchführte, war übersät mit kleinen harten Wellen aus Sand. In der Luft, die durch das Rohr strich, witterte er den Geruch der Berge. Es gab hier drin ein paar Stellen, an denen er sich hätte verstecken können, aber er kroch weiter und erreichte bald das andere Ende. Er schlüpfte in den zweiten Kanal und kroch wieder unter der Straße retour, bis der Tunnel wieder in den *seguia* mündete. Hinter ihm, am Eingang zum ersten Kanal, standen ein paar Männer beisammen. Einer von ihnen lag auf den Knien und war schon bis zu den Schultern in der Kanalöffnung verschwunden.

Allal schlüpfte nun über das offene Feld geradewegs auf sein Haus zu. Er orientierte sich an der Palmengruppe, die neben dem Haus emporragte. Eben ging die Sonne auf, und die Steine warfen lange bläuliche Schatten. Plötzlich tauchte hinter ein paar Bäumen in der Nähe unvermittelt ein kleiner Junge auf, sah ihn und riß vor Schreck Mund und Augen auf. Er war so nahe, daß Allal direkt auf ihn zu glitt und ihn ins Bein biß. Der Junge rannte schreiend auf die Männer zu, die noch immer im *seguia* standen.

Allal eilte auf sein Haus zu und schaute sich erst wieder um, als er das Loch zwischen den Lehmziegeln erreicht hatte. Ein paar von den Männern kamen durch die Palmen auf ihn zugerannt. Hastig glitt er durch den Mauerspalt in die Nische hinein. Noch immer lag der braune Körper neben der Tür. Aber die Zeit war knapp, und Allal brauchte eine Weile, um sich dicht neben den Kopf zu schmiegen und zu sagen «Komm», wenn er wieder hineinschlüpfen wollte.

Während er noch hinausstarrte auf den Körper im Nebenraum, klopfte es laut an die

Tür. Schon beim ersten Schlag war der Junge auf den Beinen, als hätte ihn eine Feder hochgeschnellt. Verzweifelt sah Allal den Ausdruck absoluten Horrors in seinem Gesicht und diese Augen, hinter denen jeder menschliche Verstand verschwunden war. Keuchend und mit geballten Fäusten stand der Junge da. Da öffnete sich die Tür, und einer der Männer lugte herein. Mit einem brüllenden Aufschrei senkte der Junge den Kopf und stürmte durch die Tür ins Freie. Einer der Männer streckte die Hand aus, wollte ihn festhalten, verlor aber das Gleichgewicht und fiel hin. Im nächsten Moment stürmten alle los und rannten durch den Palmenhain hinter der nackten Gestalt her.

Auch wenn sie ihn ab und zu aus den Augen verloren, so hörten sie doch seine Schreie, und dann sahen sie ihn wieder zwischen den Palmen, immer noch am Laufen. Schließlich stolperte er und stürzte kopfüber zu Boden. Nun schnappten sie ihn, fesselten ihn, bedeckten seine Blöße und trugen ihn fort, um ihn schließlich ins Hospital von Berrechid zu schaffen.

Am Nachmittag kam dieselbe Gruppe zurück, um die Suche vom Morgen wieder aufzunehmen. Allal lag in seiner Nische und döste. Als er zu sich kam, waren sie bereits im Haus. Er warf sich herum und kroch auf den Mauerspalt zu. Da sah er den Mann, der draußen wartete, mit einem Knüppel in der Hand.

Schon immer hatte der Zorn sein Herz erfüllt, nun brach es aus ihm heraus. Wie eine Peitsche schnellte er ins Zimmer hinein. Die Männer, die ihm am nächsten waren, krochen auf Händen und Knien auf dem Boden herum, und Allal hatte noch das Vergnügen, zweien von ihnen seine Giftzähne ins Fleisch zu bohren, bevor ein dritter ihm mit seiner Axt den Kopf abschlug.

Targe
1976

50 JAHRE ROWOHLT ROTATIONS ROMANE

50 JAHRE ROWOHLT ROTATIONS ROMANE

Helmut Krausser, *Das Liebesleben des Giacomo Müller*

Kathy Lette, *Er kommt um sieben*

Malcolm Lowry, *Hotelzimmer in Chartres*

Klaus Mann, *April, nutzlos vertan*

Henry Miller, *Das kleine Buch der Freunde*

Lorrie Moore, *Zwei Männer*

Paul Morand, *Amouren*

Alberto Moravia, *Ist er nicht reizend?*

Milena Moser, *Der junge Mann von gegenüber*

Harry Mulisch, *Das Standbild und die Uhr*

Robert Musil, *Allerhand Fragliches*

Vladimir Nabokov, *Der Zauberer*

Anaïs Nin, *Pfauenfedern*

Beth Nugent, *Heuschrecken*

Dorothy Parker, *Eine starke Blondine*

Rosamunde Pilcher, *Der Brombeertag*

Edgar Allan Poe, *Die schwarze Katze*

Thomas Pynchon, *Unter dem Siegel*

Philip Roth, *Das Lied verrät nicht seinen Mann*

Peter Rühmkorf, *Die Last, die Lust und die List*

Jean-Paul Sartre, *Briefe an Simone de Beauvoir 1926–1935*

Isaac Bashevis Singer, *Der seidene Kaftan*

Italo Svevo, *Mein Müßiggang*

Kurt Tucholsky, *Die Unterwelt der Gefühle*

John Updike, *Museen und Musen*

Joy Williams, *Die blauen Männer*

Programmänderungen vorbehalten